GERHARD FISCHBACH
WOLFGANG JASSNER

WACHSTUMSCHANCEN EINER UNTERHOSE

GERHARD FISCHBACH | WOLFGANG JASSNER

WACHSTUMSCHANCEN EINER UNTERHOSE

ODER: WIE MAN EINEN MARKT ERREGT

REDLINE WIRTSCHAFT
bei verlag moderne industrie

Bibliografische Information der Deutschen Bibliothek

Die Deutsche Bibliothek verzeichnet diese Publikation in der Deutschen Nationalbibliografie; detaillierte bibliografische Daten sind im Internet über http://dnb.ddb.de abrufbar.

Umschlaggestaltung: plenum stoll & fischbach communication
Titelfoto: Jörg Schieferecke, Stuttgart
Model: Ivona/Modelmanagement Hamburg
Gestaltung: plenum stoll & fischbach communication, Herrenberg
Druck und Bindearbeiten: Himmer, Augsburg
Printed in Germany 32480/080301
ISBN 3-478-32480-7

Inhalt

Eine Marke muss man hochleben lassen, wie eine Fahne hochhalten und alles, wofür sie steht, zelebrieren.

1993 Die Gründer: Wolfgang Jassner & Klaus Jungnickel

1994 Start der Marke: intelligent & integriert

1995 Snowboarding in Underwear bei −10°C

1996 www.brunobanani.com der erste deutsche Wäschehersteller im Internet

1997 Eröffnung der ersten Zorb-Site in Europa

1998 First Designer Brand in Space die bruno banani MIR Mission

1999 The new home of bruno banani: die Perfactory

2000 bruno banani fragrance: der Duft zum bruno banani Lifestyle

2001 First Designer Brand 4800 m under the Sea: der Pressure Proof

2002 239.697.964,948 km/h: der bruno banani Speed Proof

2003 Vote & Win: das erste Gewinnspiel im Weltall and the book: die bruno banani Erfolgsstory

Anders ist nicht falsch, richtig ist falsch, falsch ist richtig.

Vorwort **zum Verstän**

is.

Plädoyer für die Kreativität.

Seien Sie liberal. Seien Sie offen, das entspannt, relaxen Sie erst einmal. Sie werden verstehen, warum das wichtig ist. Um dieses Buch und seine Botschaft zu erfassen, müssen Sie gedanklich die Trampelpfade des KONVENTIONAL-BUSINESS verlassen. Gespurt wurden und werden sie von den mächtigen Fußstapfen riesiger Budgets und Konzepte, die weniger auf Ideen setzen, sondern auf Penetration, bei der von vorneherein klar ist, dass ihr keiner entkommen wird. Oder von Unternehmen, die sich der Größe ihrer Leistung respektive ihres Angebots selten bewusst sind. Wenn Sie sich nicht schon damit abgefunden haben, dass Sie gegen die „Großen" nichts ausrichten können, motivieren Sie sich nach dem Motto „think big", irgendwann wird die Chance schon kommen. Doch was ist schon big? Auch little kann big sein, alles eine Frage des Blickwinkels und der Relation.

Begreifen Sie Marktwirtschaft als das nach wie vor eigentliche Land der unbegrenzten Möglichkeiten? Zugegeben, in Deutschland etwas schwierig. In den Entstehungsjahren der Marke bruno banani entwickelte sich Deutschland zum im wahrsten Sinne des Wortes WirtschaftsSTANDort. Wir stehen oder treten bestenfalls auf der Stelle, während sich in jedem anderen EU-Mitgliedsstaat die Wirtschaft nach vorne bewegt.

bruno banani schaffte es trotz ungünstiger Rahmenbedingungen, sich vom Nobody zum Perfect Body zu katapultieren.

Sie begreifen, wenn Sie Ihr Brain auf das Relax-Format umschalten, das nur Souveränität besitzt und das Selbstbewusstsein der Kompetenz. Geben Sie sich den Strömungen der unterschiedlichsten Pole und Obsessionen hin, am besten wertfrei. Stellen Sie sich über die Dinge, die Sie dadurch nicht mehr überrollen können. Gehen Sie mal vom Gas, vergessen Sie die vermeintlich schnelllebige Zeit, die angebliche Verpflichtung unbedingt mithalten zu müssen. Relax. Sehen Sie zu, aber das ganz genau. Neue Ideen brauchen diese, für manche vielleicht arrogante, Distanz; Klarheit braucht diesen sicheren Abstand ebenso, als Voraussetzung für erfolgreiche Entwicklungen, als Voraussetzung für neue Dynamik, aus der Ungeahntes entstehen kann:

- Marktführerschaft nach drei Jahren
- Verleihung des deutschen Marketingpreises nach vier Jahren
- erste Lizenzvergabe nach vier Jahren
- nach vier Jahren Auszeichnung „Mutiger Unternehmer“ durch den Bundespräsidenten
- nach fünf Jahren Medienpreis der Pro 7 Gruppe
- Bekanntheitsgrad in Deutschland von 27% nach acht Jahren[1]
- Steigerung des Markenumsatzes von 0 auf 35 Mio. Euro innerhalb von neun Jahren
- Gewinn des internationalen Wettbewerbs „Advertising/Marketing Effectiveness“ bei den New York Festivals nach neun Jahren
- über 2.724.156.359 Kontakte nach neun Jahren

[1] Vgl. Der Spiegel: Die Studie Outfit 5, November 2001.

Den Aufbau einer faszinierenden Marke innerhalb von zehn Jahren werden wir Ihnen in diesem Buch vorstellen.

Wir schreiben das Jahr 2003. Wem soll man danken für das Außergewöhnlichste? Allen Mitwirkenden des Unternehmens bruno banani und der Werbeagentur plenum stoll & fischbach Communication? Dem Wettbewerb? Den Kunden? Der Welt? Nein. Danke sagt man erst, wenn man geht, die Bühne verlässt. Konzentration auf das Gegenteil: Verglichen mit einem Longdrink wurde mit den ersten zehn Jahren Arbeit an der Marke bruno banani gerade mal am Glas genippt. Vielleicht auch nur eingeschenkt. Der Wettbewerb dürfte sich auch freuen. War bruno banani doch immer wieder kreativer Vorlagenlieferant in puncto Design, Verpackung, etc. Man nimmt's als Kompliment.

Das Wichtigste ist jedoch, dass die Kunden glücklich sind. Und das macht sie nur eine glückliche Marke wie bruno banani. Es ist wie beim Essen. Wir wünschen, nein, wir verlangen Kühe, Schweine oder Hühner zu verspeisen, die vorher glücklich waren, möglichst von Geburt an auf weiten, fruchtbaren Weiden ihr zufriedenes Dasein lebten, täglich ein artspezifisches Wellness-Komplettprogramm genossen, vom Bauern allabendlich eine Gute-Nacht-Geschichte vorgelesen bekamen und vieles andere Fürsorgliche mehr über sich ergehen lassen durften, bevor sie uns schließlich serviert werden. Diese Aufmerksamkeit, diese Liebe zum Produkt schafft Qualität, die glücklich macht, weil sie einfach besser ist. Denken Sie daran, wenn Sie das nächste Mal ein schlechtes Rinderfilet essen oder Sie sich ausziehen und ihr Partner plötzlich diese Kopfschmerzen bekommt.

Sie werden verstehen. Und falls nicht, haben Sie wenigstens die Erkenntnis darüber gewonnen, warum der bruno banani-Claim „Not for everybody“ heißt. Sie werden hoffentlich auch Spaß beim Lesen haben, denn das Buch wurde nicht im Stile einer „Spätestens-in-zwei-Wochen-ist-mein-Schal-fertig“ Marketingvorlesung geschrieben. Es wurde in der Stilwelt geschrieben, in der bruno bananis Markenkern auch zu Hause ist: Nonkonform, undogmatisch, kosmopolitisch, mit guter Trend-Geschwindigkeit, experimentierfreudig, überraschend, polarisierend.

Was werden Sie mitnehmen, was werden Sie davon haben?

Vielleicht Impulse für das eigene Tun. Motivation und Anregungen pur, wofür auch immer. Die Überzeugung, dass es einen großen Unterschied zwischen Unterwäsche und Unterwäsche gibt. Den Wunsch, dass es noch viel mehr ähnlichen Frischstoff für Germany geben möge. Oder „nur" eine Lektüre, die Ihnen im Urlaub, während Sie sich rösten, die Zeit unterhaltend und spannend gestaltet.

Seien Sie gespannt.

Gerhard Fischbach,
Geschäftsführer plenum stoll & fischbach Communication GmbH

Wolfgang Jassner,
Geschäftsführer bruno banani underwear GmbH

Kapitel 1. **Der Wecke**

nd die Wirkung.

Plädoyer für die Wahrheit.

In der Markenwelt wurden Rangordnungen abgeschafft. Jeder kämpft gegen jeden, durch die Vielfalt von nichts als Produkten, durch die Austauschbarkeit der Qualitäten und Faszinationen. Der Markt der grenzenlosen Beliebigkeit wurde eröffnet: Alles ist wichtig, nichts hat Bedeutung.

Wenn der Wecker klingelt, ist es gewöhnlich Zeit, aufzustehen. Manche haben zwar einen Wecker, hören ihn jedoch nicht bzw. wollen ihn nicht hören, ignorieren ihn, bleiben liegen – es ist gemütlich, so wie es ist. Don't wake up a dreaming team, warum aufstehen? Das trifft auf Märkte im Allgemeinen sowie auch auf das Individuum zu.

Desires and dreams – Ein Analyseversuch der letzten zehn Jahre.

Unsere Deutung träumender Märkte und Individuen bezieht sich auf die Situation der Sättigung. Wenn es Probleme gibt, träumt man schlimmstenfalls vom Überleben, ansonsten vom möglichst rasch wirkenden Korrektiv zur Wiederherstellung von Zufriedenheit. Satt denkt anders. Und hat damit ein Problem, das in vielen Fällen erfolgreich verdrängt wird. Denn irgendwo wird immer daran gearbeitet, die Zeit nicht stehen zu lassen. Erst mehr oder minder im Verborgenen, von der Welt noch belächelt, dann immer deutlicher erkennbar nähert sich mit Rasanz immer wieder das Neue, bis es mit aller Macht da ist. Nicht häufig ist heute das Neue das wirklich Bessere. Es kommt auch nicht so darauf an. Sich lange Gedanken zu machen, ist nahezu sinnlos. Zu stark und vielfältig sind die Einflüsse und Informationen. Hoffnungslos overnewst dank permanenter Bearbeitung sowie unter unablässigem „Kauf mich"-Druck zieht sich das Individuum zurück. Für eine kurze Zeit entsteht eine Spaßgesellschaft. Die Fun Community feiert sich selbst, der Rest kann sie mal. „Bleiben Sie dran" bleibt dennoch die Botschaft. Schließlich hat jeder Spaß irgendwann ein Ende.

Tatsächlich. Flutkatastrophen, Terrorismus, Kriege und Krankheiten sind genauso wie der virtuelle Mensch, Produkte und Informationen omnipräsent. Die Verbrüderung des längst etablierten Kommunikations- und Medienzeitalters mit der Globalisierung vermittelt den Eindruck, dass alles direkt vor der eigenen Hütte stattfindet. Wer das Haus verlässt, wird von Wassermassen weggespült oder im Namen einer Religion weggepustet. Da macht auch Spaß keinen Spaß mehr. Relativ orientierungslos wird nach Leadership gesucht, doch der auf fast allen gesellschaftlichen und wirtschaftlichen Ebenen praktizierte Verzicht darauf ist ein Kennzeichen des letzten Jahrzehnts. Die künstlichen Evolutionen neuer Meinungsführer sind eine nicht von ungefähr stammende Tendenz. TV makes the superstar. Von wegen!

Und die Marken?

Unter dem Druck des zunehmenden internationalen Wettbewerbs und der sich verändernden bzw. gerade aufbauenden Strukturen der neuen Weltwirtschaft haben manche ihre in den 80ern noch für bombensicher gehaltene Route verlassen. In puncto verantwortungsvoller, zukunftsweisender Markenführung wich die entsprechende Pflege der Markenwerte dem oberflächlichen Streben nach schneller, umsatzstarker Marktdurchdringung ohne Bindungsziel im Jetzt und nur im Jetzt. Heftige Preis- und Aktionsgefechte der Marken und des Handels jagen Erlöse und Renditen um fast jeden Preis und machen aus uns ein Volk von Schnäppchenjägern, nichts weiter. Das Individuum entscheidet deshalb heute so, morgen so und Markentreue löst sich auf wie Mega-Perls. Selbst schuld! Erst träumen, dann hektisch reagieren. Eine Marke muss verlässlich sein, wie ein Freund, von dem man weiß, was man von ihm zu erwarten hat. Einem sich selbst als opportunistischen Zeitgenossen entlarvenden Gegenüber wird logischerweise mehr Misstrauen als Vertrauen entgegen gebracht. Die Verbindung zwischen Marke und Sympathisant aber muss auch schwierigen Zeiten Stand halten. Hat sie aber nicht! Jedenfalls vielerorts. Für den Konsumenten wurden Marken unwichtiger, weil er feststellen musste, dass er für sie nicht mehr wichtig ist. In Preiskriegen wurden die Bande rücksichtslos zerstört. Hinzu kommt der Bedeutungsverlust der jeweiligen Einzelstaaten in der grenzenlos gewordenen Weltwirtschaft. Irgendwie noch Land und souveräner Staat, gleichzeitig Produkt, das sich vermarkten muss wie Hamburger, Schuhe, Computer, Autos.

Der Verbraucher erlebt die Veränderungen und Verunsicherungen, die um ihn herum vonstatten gehen, zumindest versteht oder spürt er sie. Veränderungen, die überall und in seiner persönlichen Welt geschehen, in der er sich nun aufgrund fehlender Führung selbst neu definieren muss. Damit wurde er praktisch unberechenbar. Angesichts der Markenuntreue ist er zu einem vagabundierenden User geworden, der das Vertraute und das Neue will, alles für die Hälfte – doch an der Tankstelle wird für die Cola-Dose nahezu jeder Preis bezahlt. So ist der Konsument bereits wieder woanders, wenn die Marke glaubt, ihn gerade wieder domestiziert zu haben.

Im Spannungsfeld zwischen individueller Lebensführung mit unbestimmbaren, unvorsehbaren Verbraucherentscheidungen sowie dem elementaren Sicherheits- und Perspektivbedarf wird die Psychologie in der Markenführung einflussreicher als die Soziodemographie.

Es ist sinnlos dem Verbraucher verzweifelt hinterherzujagen, man muss eine Position einnehmen, die es für ihn jederzeit attraktiv macht, einmal vorbeizuschauen. Nur darin liegt die Chance. Es geht um Ehrlichkeit, innovative Faszination und navigierende Impulse auf der Basis der Markenposition. Das Bewusstsein dieser Tatsache hat Konjunktur. Anfang der 90er Jahre stand bruno banani mit dieser Ansicht noch ziemlich alleine da, in einem vor sich hin dösenden Markt.

GÄHN

Der deutsche Markt für Unterwäsche lag bis 1993 in einer Art Tiefschlaf, ohne große Bewegung und dank eines Kurz-vor-dem-Koma-Kreislaufs selbstverständlich ständig müde. Der Markt war verteilt und einmal abgesehen von einigen Modefraktionen, die keinen Mainstream tragen wollten, war die Mehrheit auch zufrieden mit dem, was man ihr vorsetzte. Und so gab man sich hin, lag friedlich da, rückte mal ein Stück, damit die anderen etwas mehr

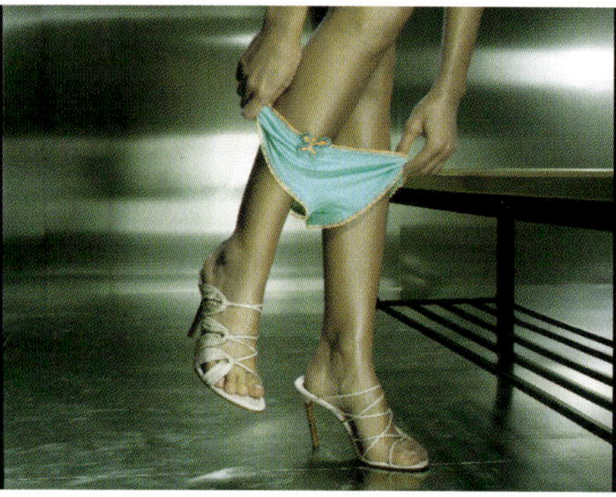

photo Jörg Schieferecke **model** Ivona

Platz bekamen, Küsschen, geht's so? – schön, Bussi ..., um die Anteile später wieder in Harmonie zurückzubekommen, ... uah, ich dich auch, schlaf schön weiter ... Ruhig und still lag der Markt demgemäß da und Unterwäsche faszinations- und bedeutungslos auf Frauen- und Männerkörpern herum. Das ideale Terrain für einen heroischen Trendreiter, um in den Markt einzuziehen und Menschen mit neuer Underwear und neuer Magie anzuziehen.

Knock, knock, knockin' on fashion's door.

Rund 2,75 Milliarden D-Mark gaben damals deutsche Männer jährlich für Wäsche aus.[2] Wir schätzten damals: Weniger als zwei Prozent davon entfielen auf Designer-Underwear. In den USA sah das bereits anders aus. Allen voran demonstrierte Calvin Klein hochwertige Designkultur. Hier zeigte sich in besonderem Maße, welches Potenzial in diesem Angebot steckte, dem bruno banani als erster deutscher Wäschehersteller die Türen öffnete und den hiesigen

[2] BTE Bundesverband des Deutschen Textileinzelhandels e.V. (Hg.): Taschenbuch des Textileinzelhandels 1993, S. 117.

Markt damit für Designer-Underwear gründete, der heute heiß umkämpft ist. Für anspruchsvolle Wäscheträger gab es damals nur zwei Möglichkeiten: Den lieben Freund oder den reichen Erbonkel in den USA leidenschaftlich zu beknien und ein Underwear-Care-Paket aus den USA bestellen. Oder einfach zu hoffen, dass der Einkaufsleiter im Kaufhaus nebenan ein Einsehen haben würde und ab und zu einen Übersee-Container mit feinen Teilchen ordern würde.

Der Wäschemarkt 1993

Herrenwäsche (Slips)	Damenwäsche (Slips)
Ausgaben durchschnittlich € 15/Jahr	**Ausgaben** durchschnittlich € 27/Jahr
Kauf von durchschnittlich 3,2 Stück/Jahr	**Kauf** von durchschnittlich 4,5 Stück/Jahr
Durchschnittspreis pro Stück € 4,69	**Durchschnittspreis** pro Stück € 6
Abgabepreis Industrie pro Teil € 2,00	**Abgabepreis** Industrie pro Teil € 2,55
Import: 95 %	**Import**: 90 %

Wolfgang Jassner: „Wer bei diesen Marktdaten in Deutschland ein Unternehmen gründet, ist verrückt oder hat eine Vision."

Aber der Reihe nach.

Mittelbach bei Chemnitz – Wolfgang Jassner über das erste Mal.

Die bruno banani Gründer: Wolfgang Jassner und Klaus Jungnickel

„Der ehemalige VEB Tricotex wurde 1993 aufgelöst. Von den 2.500 Arbeitsplätzen vor der Wende blieben in den neuen Firmen gerade einmal rund 250 übrig. No future? Nein! Ich traf Klaus Jungnickel, Geschäftsführer der damaligen Mittelbacher Textilfabrik mit ca. 30 Mitarbeitern, und eröffnete ihm meine Idee, in dem als Lohnfertigungsunternehmen tätigen Betrieb eine eigene Kollektion im Bereich Designerwäsche zu entwickeln und herzustellen. In den USA war dieses Segment schon nicht mehr wegzudenken und hatte sich bereits ein ERFOLGREICH geschaffen. Die Ausdehnung seines Einflussbereichs auf Europa war nur eine Frage der Zeit. Designer-Underwear hätte in der langen Tradition der zu uns rüber schwappenden Welle amerikanischen Neuigkeiten keine Ausnahme gebildet, die Amerikaner hätten uns auch in diesem Bereich wieder eine Aufklärungs- und Anschauungslektion erteilt. Dem wollten wir zuvor kommen. Ich entdeckte im entsprechend brach liegenden, deutschen Wäschemarkt eine tolle Marktnische, die als solche von den großen Unternehmen nicht erkannt worden war. Nun galt es für diese Lücke eine innovative Kollektion zu entwickeln. Hochwertigste Qualitäten und ausgefallene Designs waren von Anfang an

Pflicht. Die erste Unterhose und die ersten Shorts mit Knöpfen wurden kreiert. Klaus Jungnickel, verantwortlich für Produktion und Verwaltung, sorgte zusammen mit seinem verschlankten Team von 15 Mitarbeitern von Anfang an für zuverlässige Qualität. Produziert wurde ausschließlich noch für die neue Marke. Im Raum Chemnitz gab es genug ausgebildete Fachkräfte, die nun auf neuesten Maschinen Shirts und Tanktops, Shorts und Slips für Männer produzieren konnten.

Da man sich selbst mit überzeugenden Produkten nicht heimlich in den Markt einschleichen kann, beauftragte ich Gerhard Fischbach ein Markenkonzept für die von uns entdeckte Marktnische zu entwerfen – einschließlich eines griffigen Markennamens.

Der erste Schritt ins eigene ERFOLGREICH war getan, die Marktnische entdeckt."

Herrenberg bei Stuttgart – Gerhard Fischbach über die Anfänge.

Eingang zur Kreativ-Schmiede plenum stoll & fischbach Communication in Herrenberg

„Ich kenne Wolfgang Jassner schon aus vielen erfolgreichen Projekten in der Vergangenheit. Er kam mit einer hoch attraktiven Herausforderung und einem Budget, das genau das Gegenteil davon war. Dessen ungeachtet war mir aufgrund meiner Erfahrungen im Modemarkt und den Gesprächen mit Wolfgang Jassner und Klaus Jungnickel klar, dass das Vorhaben eine echte Perspektive hatte. Außerdem war eines so sicher wie der Eingriff rechts: Nur Designer-Underwear herzustellen und auf den Markt zu werfen, würde nicht ausreichen. Ein neues Marktsegment findet seinen Platz nur auf neuen Wegen. Im Klartext: Das Marketing würde entscheidend sein – und die Konsequenz der Umsetzung. Neue Wege zu gehen ist anstrengend und erst wenn sich Erfolg einstellt, werden auch die Negativisten und Besserwisser zu Applaudierenden, die natürlich schon von Anfang an irgendwo geahnt haben, dass das eine ganz große Sache wird.

Dass die neue Designermarke auf einem einzigartigen Charisma aufzubauen war, stand für mich außer Frage. Die Ausstrahlung des Namens muss den gewissen crazy instinct haben, der einzigartige Originalität mit innovativem Fashion-Esprit verbindet und mit dieser Power in den Markt schwingt, dass es den Rest in die Trendecke verschlägt und klar wird, was modern eigentlich ist. Einen anderen Auftritt hätte sonst kein Mensch als die Geburt des neuen Marktsegments Designer-Underwear wahrgenommen.

Ich erfand die Marke bruno banani und gab dem ostdeutschen Wäschehersteller damit einen Namen, der zum Kult werden sollte. Was heißt bruno banani? Schon bei ersten Umfragen nach Spontan-Assoziationen konnte der Bezug zur Mode eindeutig hergestellt werden, aber manche lagen noch etwas daneben.

Einige menschliche Vermutungen auf die Frage: „Entschuldigung, was ist eigentlich bruno banani?“

- neue Gemüsehandelskette
- die neue NASA-Rakete
- Spezialreiseveranstalter
- der Affe, der dich liebte
- italienischer Fruchtcocktail
- auf jeden Fall ’ne schräge Type
- neuer Jungle-Soul
- Pippi Langstrumpfs Onkel
- der Präsident einer Bananenrepublik

Wolfgang Jassner war gerade beim Mittagessen mit seiner Familie. Am Telefon schlug ich ihm den Markennamen bruno banani vor. Die Reaktionen zwischen Knödeln und Sauerbraten waren sehr erstaunt und dann begeistert. So nahm „bruno banani“ seine erste Hürde.

Jetzt fragten wir die Medien. Ein kleiner Test in einer Wirtschaftsredaktion mit einem spontanen Telefonanruf:
„Guten Tag, kennen Sie den neuen Stern am Designer-Underwear Himmel?“
„Nein, wie heißt er denn?“
„bruno banani.“
Schweigen – kleine Pause.
„Können Sie das bitte noch mal wiederholen. Wir sitzen gerade in der Redaktionskonferenz, ich stelle auf laut.“
„bruno banani“
Nicht enden wollendes, schallendes Gelächter.

Der Beweis war erbracht. Ein Name, der selbst Intellektuelle zu derartigen Gefühlsausbrüchen bringen kann, kann nur richtig liegen. Und der kann auch die Welt erobern.

Natürlich gab es auch Alternativen.

Nur mal als Überlegung: Hätte ich den Namen BLUE & YELLOW gewählt, dann wäre morgen ein zweite Marke mit PINK & RED aufgetaucht. Hätte ich den Namen St. la Gaulatier gewählt, hätten das Unternehmen morgen Anfragen nach Reitbekleidung, Sättel und Sporen bekommen. Oder wäre es ein international unaussprechlicher Name geworden wie jene Thunfischmarke Saupiquet, dann hätten wir mit einem millionschweren Etat für Sprachkurse einsetzen müssen. Also: Think easy. Think emotional. Think international: bruno banani.

bruno banani polarisiert. An jedem Pol lässt der Name Interpretationsfreiräume, die hundertprozentig ausgefüllt werden. Viele Namen und deren Auftritte lassen Interpretationsfreiräume, aber meist reizen sie einen nicht, sich gedanklich darauf einzulassen oder gar den aktuellen Gedanken deshalb aufzugeben. Es ist kein Name und kein Auftritt, den man liest oder hört und ruhig weiteratmet, in seiner momentanen Gedankenwelt verbleibend, in der Fragen nach dem heutigen Kantinenmenü oder dem Luftdruck in den Reifen mehr Brisanz haben. bruno banani ist ein Name, den man liest und sofort verinnerlichen kann. Er besitzt die dazu notwendige Frechheit, Signifikanz und – auch das ist wichtig: schnelle Erfassbarkeit und Länge. Ist der Name zu lang oder zu kompliziert, hat die Message auf dem Weg von der Spontan-Registrierung bis zur Abspeicherung im Gedankendepot keine Chance, sie kommt nicht an, verhungert unterwegs elendig. Sicher: Eine Marke lebt nicht vom Naming allein. Mit Kampagnen und sonstigen Werbemaßnahmen kommuniziert die Marke ihr Weltbild und sendet unentwegt Botschaften aus. Auf diese Weise kann auch einem noch so farb- und belanglosen Namen Zauber injiziert werden. Aber warum Markenpower erst später entfalten, wenn sie der Name bereits vom ersten Kontakt an zur Geltung bringen kann?“

Bankgeschichten – Wolfgang Jassner über die ersten Hürden.

„Alles schön – alles gut. Ein Name ist noch keine Marke, solange er nicht als solcher erkannt wird. Nachdem wir uns auf den Namen geeinigt hatten, wurde er zur Bank getragen. Eine große deutsche Bank überzeugte das Konzept, da wir aber bei der Unternehmensgründung noch keine Bilanz vorlegen konnten, wurde uns signalisiert in einem Jahr nochmals zu kommen. Mein Kommentar: Dann brauche ich Sie nicht mehr.“

Eine weitere Bank lehnte bei den vielen Neugründungen in den neuen Bundesländern aus Zeitgründen ab. Man wollte sich keine zusätzliche Arbeit in einer so schwierigen Branche wie Textil aufhalsen.

Beim Vorstand einer dritten Bank war es nicht einfach einen Termin zu bekommen. Man kannte sich zwar, aber 1993 gab es schon viel Stress mit Unternehmensfinanzierungen. „Kommen Sie doch einfach am Dienstag, irgendwann werde ich schon Zeit für Sie finden, Herr Jassner.“

Dann stellte ich das Konzept vor. Es gefiel. Der Bänker: „Haben Sie ein Haus, Herr Jassner? Können wir darauf eine Grundschuld eintragen?“ Ich bejahte dies, da ich von der Idee und dem tollen Konzept überzeugt war. Damit war der Weg frei für die notwendige Erstfinanzierung: 850.000 Euro.“

Der Weg war bereitet. bruno banani wurde als Marke international eingetragen. Ein besonderer Name für ein besonderes Marktsegment. Die Plattform stand, auch für die weitere Kommunikationsstrategie. Über den Claim bzw. Slogan wurde die Positionierung end- und trendgültig definiert: „Not for everybody". bruno banani als spannender Designername repräsentiert den Zielmarkt, „Not for everybody“ ist die emotionale und ebenfalls polarisierende Ansprache an die Zielgruppe der Freunde von Designerwäsche. Das ist per se die Kernzielgruppe, um die sich diejenigen gruppieren, die sich entweder nichts verbieten lassen oder einfach neugierig sind. Beide Fraktionen werden von „Not for everybody“ gelockt. Die einen bleiben und vergrößern die Kernzielgruppe, die anderen gehen wieder oder werden zu light usern.

bruno banani ist bruno banani.

Nur etwa eine Million Frauen und genauso viele Männer tummelten sich 1993 auf dem Designerwäschemarkt. Heute ist die Kundschaft wesentlich größer und sie wächst stetig weiter. Dass sich auf der Basis der zunächst verhältnismäßig überschaubaren Klientel ein derartiges Wachstum ermöglichen ließ, ist das Verdienst der Wahrheit, der Authentizität der Marke bruno banani. Sie können sich vorstellen, dass der Name und der Slogan heiß diskutiert wurden. Viele Entscheider fallen in solchen Situationen um, schwenken um, werden zu Normalos oder atmen auf, sie können nichts mehr falsch machen. Wir landeten einen Volltreffer, weil das Aus- und Kennzeichnen des Ichs und des individuellen Lebensstil immer Bestand haben wird. Am einfachsten geht das mit einer Marke, die Profil hat. Denn nur diese Marke steht so klar zu ihrer Position, dass ihre Ausdruckskraft auch zu meiner eigenen werden kann. Wenn ich im Niemandsland stehe, bin ich neutral. Wenn ich im bruno banani-Land stehe, bin ich so wie die Marke, die mir nichts vormacht, nicht everybody's darling sein will, die ehrlich ist und deshalb wahr. Sie legte mit dem Namen und dem Slogan ihre Genuität, ihre Echtheit fest und lebt ihre Werte konsequent in der Sprache, den eingesetzten Bildern und ist Leitfaden für alles, worauf ihr Name steht.

CO

0L

Dass bruno banani Begeisterung für ein eigentlich gewöhnliches Alltagsprodukt wie Unterwäsche entfachen konnte, liegt nicht etwa daran, dass es gelang, das Produkt als bisher völlig unterschätztes Juwel auferstehen zu lassen und ihm endlich seinen würdigen Platz zuzuweisen. Es liegt am nonkonformen Coming-out als Marke, an deren Einbettung in eine Cool-World und am richtigen Verständnis von Coolness als die Gelassenheit des offenen Globetrotters, der den Blick fürs Wesentliche hat und Gleichgesinnten eine Heimat bietet, in der sie nicht simples Trend-Collecting vorfinden, sondern unverfälschtes Zeitstyling entlang der gemeinsamen Erwartungen an das ALLTIME ORIGINAL – keine Camouflage, kein stereotyper Globetrottel, keine atemlose Trendjagd, aus diesem Grund auch kein Ablaufdatum. Cool ist heiß ohne kalt zu werden. Nur in diesem Sog entwickelte sich das neue Bewusstsein für Unterwäsche als Mittel zum Zweck. Attention: Attraction.

Dementsprechend präsentiert sich bruno banani mit exklusiver Designer-Underwear im Markenkern als völlig eigenständige, internationale Welt mit dem Lebensgefühl, das keine Schubladen kennt, nur den independence way. Eine Positionierung, die sich schlüssig in der Struktur und Gestaltung der einzelnen Underwear-Programme beziehungsweise Kollektionen der Marke wiederfindet und einen weiteren Meilenstein im Absatz von Designer-Underwear markiert: Wir bauten auf der einen Seite mit zwei ständig verfügbaren Basic-Linien ein starkes Fundament und auf die andere Seite stellten wir eine avantgardistische, experimentierfreudige Trend-Linie. Den Hintergrund der Überlegungen für diese neuartige strategische Kollektionsausrichtung erklärt speziell die Entscheidung über das Design der beiden basic-orientierten Lagerprogramme „Your Perfect Underwear" und „Your Dynamic Underwear". Durch die extrem verbrauchernahe, auf die Erwartungen der Designträger perfekt zugeschnittene Gestaltung der Kollektionen mag sich der Wettbewerb schon gewundert haben: Wer liefert bruno banani diesen optimalen Aufschluss über die Konsumentenhaltung? Beschäftigt bruno banani etwa einen eigenen Secret Service? Weit gefehlt, viel einfacher: Wir fragten nach. Ganz direkt. Bei den Fashion- und Designpeople. Dort und bei jenen, wo man keine endlosen Dia-Abende oder Eiche rustikal vermuten würde. „Hey, was trägst du drunter? Was würdest du gerne drunter tragen, kennst du deine Endstation Sehnsucht? Was würdest du niemals tragen? Was denkt dein Partner? Wann hat deine Unterwäsche Prime Time? Was ist dein farblicher Mainstream, sag', was ist DEINSTREAM?"

Feld- und Wiesenforschung:

Auf der Suche nach den favourite colors machten wir uns auf in die Enge der Sammelkabinen, Fitness-Studio-Umkleideräume, Back-Stage-Garderoben von Musicals und an andere Orte der Underwear-Präsentation, wie Liegewiesen an Baggerseen. Ans Licht kam das Verlangen nach klassischen Formen und Colors wie Weiß, Schwarz, Blau sowie nach funktionaler und materialbezogener Hochwertigkeit.

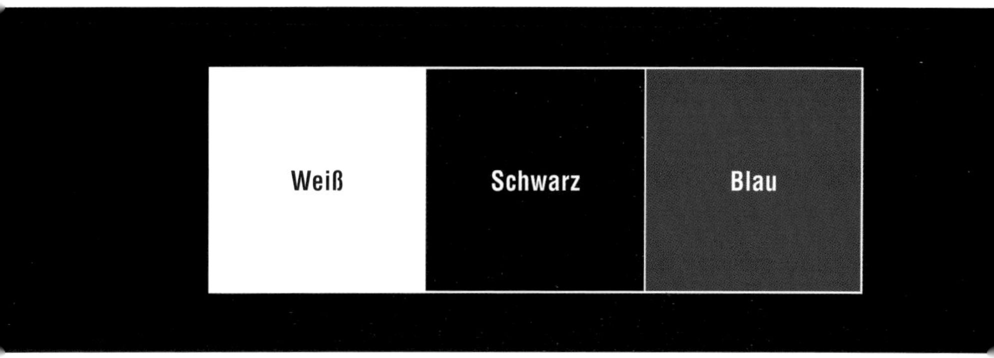

Straight, but different, please. Kultur ohne Gaga und Hihi also. Das Design-Individuum selbst ist stark genug, hat Persönlichkeitsstärke. Man unterstreicht sich, akzentuiert sich bestenfalls, bleibt sich trotz hier und da gelebten Überschwangs treu, treu und nochmals treu. Infolgedessen wurden und werden die Linien „Your Perfect Underwear" und „Your Dynamic Underwear" strikt, bis heute und künftig basic-orientiert gestaltet und agieren als so genannte NOS-Programme. NOS steht in der Branche für „never out of stock", immer verfügbar, ab Lager. NOS steht seit bzw. bei bruno banani für „never out of success". Hier werden enorme Stückzahlen produziert, Geld verdient wie es Schokofabriken mit der Sorte Vollmilch tun, wie Osterhasen mit Eiern, Floristen mit Rosen, Touristiker mit Stränden und so weiter. Denken Sie einfach an den Bäcker und seine Brötchen.

Die Inspiration durch die Zielgruppe selbst sorgte für von 0 auf 100 überzeugendes Design. Auch das machte inzwischen Schule und Schluss mit dem konventionellen Weg, auf dem schwerpunktmäßig nur auf die Meinung des allwissenden „Spezialisten" gesetzt wurde. Die scheinbar das Ohr am Markt haben. Aber das ist noch lange keine Design-Kompetenz. Die Unsicherheit wird mit der Forderung nach Abwechslung kaschiert. Blau mit Blümchen, Gelb mit Streifen oder Sternchen, die Leute wollen Entertainment, Variation, Ideen, das ist lustig, macht Laune, ho, ho, ho – hoppla. Na dann vielleicht Rot, aber sexy bitte. Platz da, hier kommen die neuen All Right-Rider! Auf gut Glück, no risk, no fun, much crash.

Design an sich ist keine bestimmte Formgebung. Design heißt Mut, Love, Wert, Innovation, Leidenschaft im Detail, Visionsästhetik. bruno banani setzte Design in seiner Welt entschlossen und systematisch um. Bis dahin gab es wahrscheinlich keinen Hersteller, der derart nah an den Verbraucherwünschen war. Die Basic-Linien flankiert „Your Funtastic Underwear – The Limited Edition":

Jeden Monat, alle 30 Tage einzigartig im Geschmack, präsentiert bruno banani in dieser Kollektion experimentierfreudigen, avantgardistischen Hype. Eine Linie, die der Marke und dem Fachhandel die Autorität zuspricht, zu wissen, wo der Zeitgeist der Zukunft spukt; eine Linie, die Nachwuchs-Käuferschichten erschließt und schon frühzeitig an die Marke bindet.

Your Perfect Underwear

photo Hans Kollmer **model** Sara und Richard

120.000 Teile dreier überschaubarer Kollektionen, die man zu Beginn auflegte und die hauptsächlich aus Bodies, Slips und Shirts bestanden, wurden im ersten Geschäftsjahr 1993/94 verkauft. Die Eroberung der Marktführerschaft gegen die in der Nische arbeitenden Exoten wie Nikos, Kirtos, Armani sowie gegen den beginnenden Markteintritt Calvin Kleins war erfolgreich gestartet. Das Timing für den Einstieg einer neuen Designer-Underwear in den Markt war ideal. Das „Ja" in der Bevölkerung gegenüber hochwertiger Ware wurde ständig größer, sicherlich auch beflügelt von der sich ausweitenden wirtschaftlichen Schere; zum anderen entwickelte sich die persönliche Nabelschau immer weiter. Man fing an, gesteigerten Wert auf seinen personal good look zu legen, in Fitnessstudios wie irre den Traummaßen entgegenzuschwitzen und konnte dann natürlich nicht auf Unterwäsche mit Spießermief zurückgreifen.

UP

S

Was ist los in Deutschland? Calvin Klein baute seine Vertriebsorganisation in Deutschland auf. Joop, Boss, Marc 'O Polo, und Otto Kern begannen sich langsam mit uns und dem geöffneten Markt zu beschäftigen. So wurde zum Beispiel bruno bananis Kartonverpackung mit Sichtfenster sofort nachgeahmt, desgleichen sah man plötzlich Knöpfe nicht nur an Slips und Shorts dieser Marke.

Wer noch nie erlebt hatte, wie Wettbewerb das Geschäft beleben konnte, dem bot sich jetzt die eindrucksvolle Möglichkeit. Aber Pioniere sind immer vorne. Und es ist für gewöhnlich verdammt schwer, sie überhaupt einzuholen, geschweige denn zu überholen. Immer vorne – das war unser Ziel. Pferde antreiben und im Galopp voraus. Der Neue machte mit seiner Designer-Underwear aus GOOD OLD GERMANY GOOD NEW GERMANY. Mit dieser Pionierrolle versuchen inzwischen wachgerüttelte Unternehmen mehr oder weniger Schritt zu halten.

Your Perfect Button Slip

photo Hans Kollmer **model** Richard

Ein paar Facts aus der Unterwelt.[3]

Fact: Die Studie TW-VerbraucherFokus Women's Underwear 2002 belegt, dass Unterwäsche bei Frauen und Männern einen deutlich anderen Stellenwert bekommen hat.
Comment: bruno banani smiles.

Fact: Die Mehrheit der Männer überlässt den Kauf von Unterwäsche lieber den Frauen.
Comment: Nur der Inhalt zählt.

Fact: Das Gros der Frauen kauft gerne Wäsche. 60 Prozent davon hätten gerne alle paar Wochen Neuigkeiten in den Wäschesortimenten, markenbewusste Frauen wünschen sich einen noch häufigeren Wechsel.
Comment: Das nennt man Anziehungskraft.

Fact: Den größten Anteil der bruno banani-Träger bilden die „Experimentalisten". Ihr Lebensstil wird gekennzeichnet von extremem Individualismus, ungehinderter Spontanität und dem Selbstverständnis als Lifestyle-Avantgarde.
Comment: No Comment.

Fact: Die meisten Frauen wissen, was sie bei Wäsche wollen. Fachkundige Beratung sucht nur noch eine kleine Minderheit, nämlich 15 Prozent.
Comment: Geschmackssicherheit braucht eben keine Beratung, sondern freie Bahn.

[3] Vgl. TextilWirtschaft Nr. 47/2002. Der Spiegel: Die Studie Outfit 5, November 2001.

Kapitel 2. **Die Mache**

nd die Welt.

Plädoyer für den Kult.

Vielleicht wird es Mode, vielleicht wird es Wahrheit. Alle Zeichen, Merkmale, Handlungen, Bilder und Botschaften einer Marke beseelen eine gemeinsame Sache, bewegen Veränderungen und formen neue Identitäten zu einem Mythos, der das Ganze individuell verkörpert und sich für nichts entschuldigen muss. Die Marke ist dann der sich ständig erneuernde Protagonist ihrer WE-GENERATION – DER WIR-GENERATION.

Dass sich unsere Wege kreuzten, darf ohne Zweifel als das entscheidende Ereignis für den Erfolg von bruno banani angesehen werden. Sollte es irgendwann eine Hall of Fame der Marke geben, werden die Historiker leider vergeblich nach Bildern unseres ersten Treffens zum Thema bruno banani suchen. Wir bedauern zutiefst, dass niemand die entscheidenden ersten Sekunden mit fotochemischen Mitteln fixiert hat. Wir hätten die Abzüge auch gerne auf unseren Nachttischen.

Wenn Männer über Männer sprechen – eine kurze Vorstellung:

Gerhard Fischbach über den Unternehmer Wolfgang Jassner.

Wolfgang Jassner

Geboren wurde Wolfgang Jassner am 8. Juni 1941 in Elbing, damals noch in West-Preußen gelegen, heute in Polen. Und trotzdem Preuße! Das sagt schon viel über manche Wesensart des Wolfgang Jassner. Der Preuße kommt kühn, geradlinig, ehrgeizig, fleißig und, wie sich später wahrhaftig herausstellen sollte, ausgestattet mit dem unerbittlich wagemutigem Drang nach der Wäsche der anderen zur Welt. Zunächst absolvierte der Wolfgang-Dampf-in-allen-Gassen wie es sich gehörte seine Schulzeit und eine Ausbildung zum

Industriekaufmann. Unbestätigten Gerüchten zufolge soll sein Ausbilder am Ende der Lehrzeit vor der Übernahme durch den Azubi gestanden haben. Ob tatsächlich etwas an der Geschichte ist oder nicht, spielt heute keine Rolle mehr. Sicher ist: Wolfgang Jassner zog es in den Süden Deutschlands. An der renommierten Fachhochschule für Wirtschaft in Pforzheim studierte er Betriebswirtschaftslehre. Gerüchte in Bezug auf die Übernahme verschiedener Dozentensessel gab es diesmal nicht. Wolfgang Jassner wollte ja auch in die freie Wirtschaft. Dort landete er in der Textilbranche. Kein Zufall, schon Wille, Ziel. Vielleicht auch etwas Roots-bedingt. Die Preußen kamen ja immer schmissig daher. Bei den vielen Kurfürsten und Königen, die das Land vorzuweisen hatte, kein Wunder.

Wolfgang Jassner plante sich stetig nach oben, als Mensch, nicht als Scheuklappen-verzierter Karrierist. Immerhin: Wer als Hobbys Wandern und Spinning angibt, dem kann weder eine lustige Jagertee-Runde noch ein zünftiges Halali fremd sein. So pflasterten keine Leichen seinen Weg, vielmehr die Leidenschaft für Kompetenz und fundierte Strategien. Das ist seine Weltanschauung. Diszipliniert und professionell setzt er sie um. Würde man Wolfgang Jassner klonen dürfen, könnte man ein Vermögen mit ihm als Organizer verdienen. Der Mann ist zudem kein Dampfplauderer, auch kein Schweiger, aber einer, der etwas sagt und jeder weiß: that's the way. Er weiß eben, wo er hin will und noch wichtiger, er weiß obendrein, wie er dahin kommt. Zurück zu den Hobbys, die noch einen anderen Schluss zulassen: Gipfel haben es ihm offenbar angetan. Die erklomm er, wie gesagt, zielstrebig, erst über leitende Positionen, dann – schnell natürlich – über Geschäftsführerposten in größeren Textilunternehmen. Dann die wichtigste Weichenstellung: 1993 gründet Wolfgang Jassner die bruno banani underwear GmbH in Mittelbach als Mehrheitsgesellschafter zusammen mit seinem Partner Klaus Jungnickel. Dabei zeigt sich eine Eigenschaft, die ihn endgültig zum Unternehmer par excellence auszeichnet: Er ist offen für Ideen, kann ihr Potenzial einschätzen und sie in seine Konzepte integrieren.

Wolfgang Jassner ist verheiratet, Vater dreier Kinder, glücklich und noch voller Pläne. Sein Anrufbeantworter spricht wie folgt: „Hallo, Grüß Gott, Sie sprechen mit Wolfgang Jassner, ich bin im Moment geschäftlich aktiv für Sie unterwegs."

Wolfgang Jassner über den Werber Gerhard Fischbach.

Gerhard Fischbach

Geboren wurde Gerhard Fischbach 1955 in Herrenberg, circa 30 km südlich von Stuttgart, damals wie heute in Württemberg gelegen. Ein Schwabe! Das sagt schon viel über manche Wesensart Gerhard Fischbachs. Denn das Land, das berühmt ist für seine Dichter und Denker, Erfinder und längst auch für seine in Europa führende Wirtschaftskraft prägt seine Kinder. Gerhard Fischbach kann man als Muster, als Inbegriff einer solchen Prägung sehen: überragend kreativ, die Vermenschlichung der Aktivformel für Zukunft, produktiv, konstruktiv. Betrachtet man seinen Lebenslauf, verwundert es indes schon, was einen Menschen mit diesen Qualitäten dazu bringt, nach der Schulzeit auf eine Fachhochschule für öffentliche Verwaltung zu gehen. Die Frage muss mangels verlässlicherer Informationen spekulativ beantwortet werden: Entweder hatte er es mit dem Mann vom Arbeitsamt zu tun, der ihn dazu brachte, den Geist des Freidenkers – von gelegentlichen Hofgängen einmal abgesehen – inhaftieren zu lassen, oder er wollte einfach die Phantasie der ultimativen Belastungsprobe aussetzen. Danach jedenfalls studierte er Grafik-Design. Ein zweijähriges nächtliches Betriebwirtschafts-Pauken ohne Trompeten brachte zusätzliches Know-how. 1977 gründete er zusammen mit seinem Partner Heinz Stoll die Werbeagentur Stoll & Fischbach.

1987 kam die Agenturtochter Eurotel New Media GmbH hinzu. Während andere das Internet noch für eine Spielerei von Computerfreaks hielten, erkannten Stoll & Fischbach bereits die unendlichen Weiten des Cyberspace. Und nutzen sie. 100% Kommunikation. Der Instinkt für die wachsenden Marktanforderungen nach integrierter, allumfassend synergieeffektiver Kommunikation wurde belohnt: zahlreiche nationale sowie internationale Auszeichnungen und Awards, Platz 25 im Agentur-Ranking der 200 größten deutschen Agenturen , Platz 1 der Agenturen in Baden-Württemberg[4]. Mit der in 2001 vollzogenen Integration in die Wiesbadener plenum AG wurde das Fundament für weiteres Wachstum ausgebaut. Dazu kamen Niederlassungen in Köln, Düsseldorf und München.

Unermüdlicher Antreiber und Ideengeber, am liebsten über den Tellerrand blickend, das Mittelmaß der Dinge sowie visuelle Umweltverschmutzung ablehnend und nie arrogant herumBOSSelnd – Gerhard Fischbachs Charakterzüge werden angetrieben von allem, was Vorwärtskommen braucht, inklusive dem außerordentlichen Know-how effizienter, strategischer Planung, was ihn endgültig zum Creative Director, genialen Vordenker und Richtungsweiser par excellence macht.

Gerhard Fischbach ist verheiratet, Vater dreier Kinder, glücklich und lebt als Schwabe selbstverständlich im eigenen Haus. Vor der Arbeit geht es jeden Tag mindestens eine Stunde in den Wald zum Laufen. Würde man ihn klonen dürfen, könnte man ein Vermögen mit ihm als Perpetuum Innovativile verdienen.

[4] GfK Marktforschung Nürnberg, März 2002.

Ein Fall für zwei.

Unsere Zusammenarbeit in Sachen bruno banani zeigte und zeigt, wie man Stärken und Visionen zu maximaleffizientem Interplay verbindet. Sorgfältig durchdacht bauten wir step by step die Marke, ihre zeitlos-szenige Aura und ihre Bodylanguage auf, die jeder versteht, der nur designperfektionistisch, denk- und stiloriginal genug ist. Die Realisierung der Vision begann 1993. Die Marktnische „Designer-Underwear" wurde in Angriff genommen, um dort die Marke bruno banani groß werden zu lassen und gleichzeitig so stark und flexibel zu machen, dass sie irgendwann sogar als universelle Designermarke ein erfolgreiches Leben führen kann; mit einem starken Markendach, unter dem praktisch jeder Ausbau des Produktprogramms möglich ist.

Der Bau der Welt.

Das Markendach respektive Logo bruno banani wurde denn auch so gestaltet wie ein Zimmer mit Aussicht auf einen unendlichen Horizont. Schwarz-Weiß, edel, klar, unverschnörkelt, unkompliziert und frei. bruno banani ist lebendige Design-Abgrenzung im Unterwäschemarkt, die einzigartige Synthese aus klassischer, sportiver und internationaler Trendkultur. Dieser Stil ist der Kern,

bruno banani®

NOT FOR EVERYBODY

das Profil, das sich ständig weiterentwickelt, Tendenzen und Ideen aufnimmt und verarbeitet, damit nicht mehr davon geträumt werden muss. Dabei gibt es keine Vorschriften, nur genuines Design, Ruhe und Vernunft.

Wer weiß, was das Leben mit all seinen Facetten bringen wird. Keiner weiß, wie wir morgen ticken. Beeinflusst durch Musik, Entertainment, Kunst und Lifestyle – eine Marke muss dafür offen sein und darf durch ihr Erscheinungsbild nicht das Risiko der Bloßstellung eingehen. Mit den Produkten, den Werbemitteln, den Kampagnen trägt sie neuen und veränderten Einstellungen und Moden Rechnung, niemals mit ihrem Dach. bruno banani braucht darum keine Verkehrsschilder, um auf dem Weg zu bleiben, und kann seinem profilierten Instinkt folgen.

Und das Kollektionskonzept?

Menschen aus der Szene des Designs und des Handels waren teilweise so was von euphorisch und brachten die tollsten Anregungen. „Da kann man doch super Sachen machen, lustige Bananen auf der Unterwäsche abbilden, mal mehr, mal weniger, mal gelb, mal rot, mal rosa, alles ist möglich, warum denn nicht?" „Alles Banane, alles Banane", riefen sie, „... klasse Headline, klasse Headline, ach was, klasse Slogan, bruno banani – Alles Banane, das ist es doch!" Es gab auch Vorschläge für die Verkaufsförderung: „Man könnte im Fachhandel Bananen an den Endkunden verteilen, begleitet von Trommeln und exotisch gekleideten Verkäufern. Oder sensationelle Gewinnspiele veranstalten, die zum Beispiel nach der witzigsten Antworten auf die Warum-ist-die-Banane-krumm-Frage suchen." Vorschläge wie diese konnten von der Seele wahren Designs und aus diesem Grunde auch von der neuen Marke nicht weiter entfernt sein. Solche Initiativen kämen einer Maske gleich, die das Wichtigste, nämlich das Design und die Qualität, kaschieren und zu Gunsten flacher Gags opfert. Nichts gegen einen Gag, aber nicht auf Kosten einer Identität.

Am Anfang war der Mann.

Ein Unternehmen ist nur erfolgreich, wenn es mit wenigen Produkten große Stückzahlen produzieren kann. Gemäß dieser Erkenntnis hatte die Grundkollektion nicht mehr als zehn Teile. (Wer in der Welt braucht denn Unterwäsche mit Hosenträgern? Die gibt es wirklich! Oder Unterhosen aus Papier zum Essen? Macht ja auch nicht an oder gar satt.) Die Entscheidung war klar:

So wie der Bäcker Brötchen in großer Stückzahl verkauft brauchen wir eine Basis, die dem Unternehmen sicheren Umsatz garantiert. Dazu entwickelten wir die Basics als die zwei Standbeine des Unternehmens: „Your Perfect Underwear", die Feinripp-Collection und „Your Dynamic Underwear", die sportive Underwear. Für den kreativen, wilden Part schufen wir eine Limited Edition: „Your Funtastic Underwear."

Wie auch in der Kollektion trennten wir in der Zielgruppen. Wir trennten die Welt in zwei Hälften. Männer und Frauen. Wir wählten den einfacheren Weg und nahmen uns zuerst die Männer vor.

bruno banani verwirklichte seine Identität im wahrsten Sinne des Wortes auf der Basis eines innovativen Kollektionskonzeptes für Männer und später für Frauen, an dem sich bis heute grundsätzlich nichts änderte. Auch nicht am

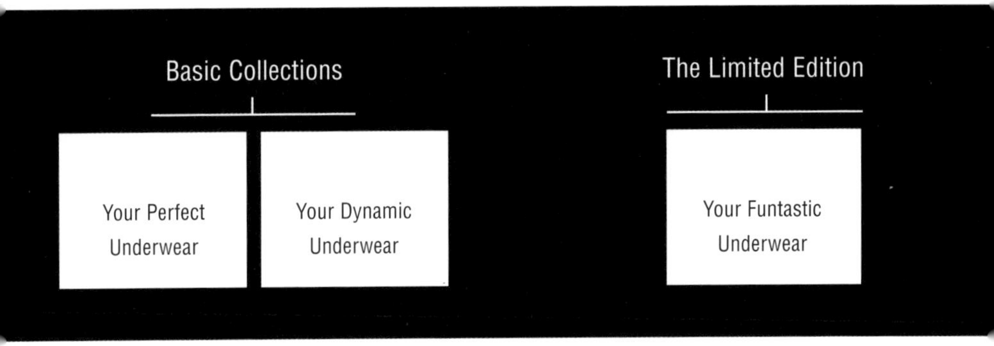

Das Kollektionskonzept

Erfolg. Beides wurde nur deutlich umfangreicher. Auf der einen Seite des Konzepts stehen die Basic Collections, auf der anderen die Funtastic Collections.

Die Basic Collections sind der ständig verfügbare Treibstoff für Umsatz, die nie versiegende Quelle der Animation zum Stoffwechsel vom Pseudo- oder What's-that-Design zum echten, identifizierbaren Design by bruno banani. Die Lager-Programme werden just in time ausgeliefert, immer da, immer verlässlich für den Fachhandel, ein kultischer Qualitäts-, Design- und Lieferbrauch als never ending selling line. Das Lager-Feuer, das immer brennt und auf dem sich der erfolgshungrige Fachhandel von jetzt auf gleich großartige Umsatzmahlzeiten zubereitet. Der Buyway No. 1. Und alles made in Germany. Manche fragen: bruno banani ist keine italienische Marke? Auch kein Designer mit Sitz auf der New Yorker 5th Avenue? bruno banani kommt aus Deutschland? Ja. Mittelbach? Wo ist das? Mitten in Deutschland. Und ist bruno banani nicht international? Doch. Made in Germany. Designed in Milano, der europäischen Designmetropole.

Damit Sie ein Gefühl für die Kollektionen bekommen, für das ausgewogene Spielfeld zukunftsvollen Movements, für die Gedanken, die das international angesehene Design ausmachen, für die Faszination der Marke, die in jeder Faser steckt und den Markt seit zehn Jahren erregt, stellen wir Ihnen jetzt die wichtigsten Serien vor.

The Basic Collection.

Die Basic Collection war von Anfang an dabei. Die Serie schenkt dem stilvollen Zeitgeist das ewige Leben, entzieht der Vergänglichkeit jede Daseinsberechtigung und erlaubt Design nur straight. Aus der nie versiegenden Quelle der Perfektion kommt feinste Baumwolle, elastischer Ripp und nur Main-Colors wie Weiß, Anthrazit, Natur oder Blau. Mustergültige Erscheinungen, die nichts von ihrem Weg abbringt. Stärke ist Schönheit, Schönheit ist pur. Wurde wohl deshalb von den Wächtern des Unvergänglichen und immer Aktuellen immer öfter auch als Outfit getragen.

Energy. Made in Germany.

Your Perfect Underwear – Der andere Klassiker.

Your Perfect Sport Shirt

Anmerkung am Rande:

Zu Zeiten, in denen „Your Perfect Underwear“ den Männern vorbehalten war, kauften anspruchsvolle Frauen zunehmend die Shorts in kleinen Größen für sich selbst. Das war die Geburtsstunde für die erste Women Collection. Die Folge: Umbaumaßnahmen im Handel. Der erste Händler in Deutschland, Ludwig Beck in München, musste neben der bruno banani Kollektionspräsentation eine eigene Kasse aufbauen. Der Erfolg: Kasseklingeln ohne Ende.

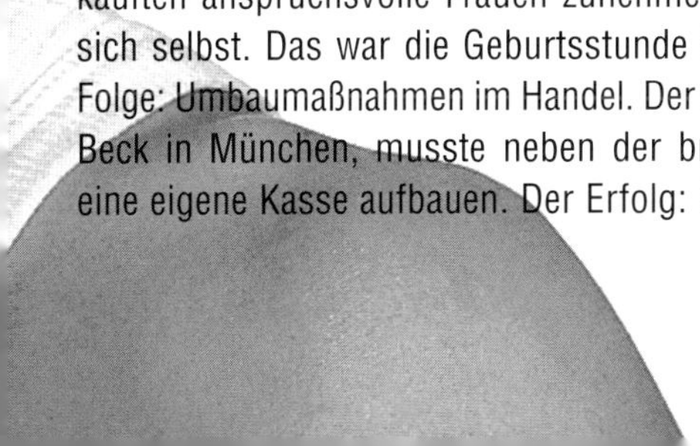

Your Dynamic Underwear – Klassik elastisch.
Your Dynamic String

Ebenfalls eine Basic Collection seit dem Start up 1993. Der Kult-Dynamiker aus 5% Dorlasthan und 95% Best-of-Cotton. Für männliche und weibliche Körper, in denen Ziele wohnen, die nichts auslassen, keine Ahnung von Stillstand haben, immer alles geben, von Beruf Dynamiker sind und Flexibilität lieben wie andere ihren Schoßhund. Auch diese Serie bietet in Sachen Schnitt und Farben keinen unsicheren Zick-Zack-Kurs durch die Welt des Designs, sondern bleibt ihrem klassischen Stil so treu wie es Gary Grant der filterlosen Zigarette stets war.

Eine dazugehörige, aber eigenständige Erweiterung der Serie ist New Dynamic für Frauen. Die neue Mikrofaser Dimension schafft aktives Wellnessfeeling dank modernem High Tech-Touch aus 93% Meryl und 7% Elasthan.

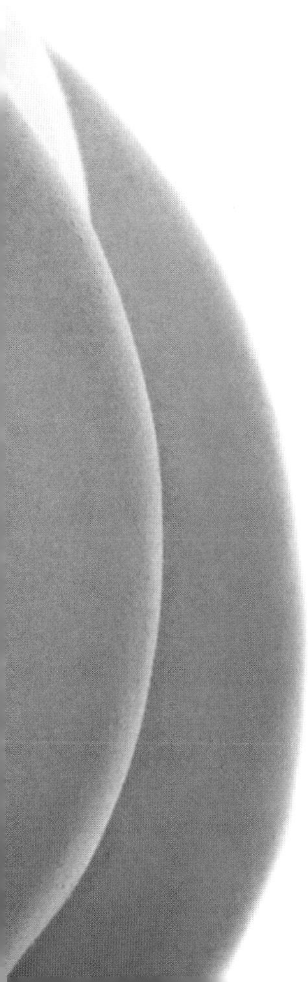

Your NRG Sport Shirt

photo Jens Ihnken **model** Lee, V.M.-Service

Your NRG Underwear – Der Power-Klassiker.

Die New Basic Collection, die durch den Einsatz von 93% Meryl und 7% Elasthan sowie top Verarbeitungs-Know-how das Energy-Attribut auf den Körper fokussiert. Als sinnvolle mikrofasereffektive Ergänzung der bestehenden Basic Linien, als körperbetonte Workout-Formation. Fit for powering life. Nichts für Pantoffelaktivisten oder Zapper-Philipps. Und ein Beispiel für den Drang der Marke, mehr als Attraktivität anzubieten: Echten Nutzen. Für das Leben der Zielgruppe, das bruno banani aktiv begleitet.

photo Jens Ihnken model Tim, m4 models

Your Magic Underwear – Die zweite Haut aus Mikrofaser.

Die New Basic Collection aus 92 % Tactel und 8 % Elastan ist ein anschmiegsamer Mikrofaser-Hauch und der Grund, warum die erste Haut die zweite beneidet. Der hingebungsvolle Tragegenuss ist gefühlsecht für Genießer und Basic-Kenner. Das aus der bi-elastischen Zauberfaser gemachte Feelness-Programm ist ein weiteres Serien-Highlight, ausgestattet mit Raubkatzensinnlichkeit für ein märchenhaftes Come Together von Bodies und Underwear.

YOUR ACTIVE UNDERWEAR – Die leichte Art für drunter.

Ursprünglich war „Your Active Underwear" einmal eine limitierte Funtastic. Aber die Nachfrage war so groß, der Zuspruch unserer Kunden so begierig, dass wir einmal eine Ausnahme machten: „Your Active Underwear" wurde zur Basic. Aus 93 % Micromodal und 7 % Elastan geht es drunter aktiv zur Sache. Egal, ob im heißen Sommer oder im trüben Herbst. Beste Funktionalität und perfekter Tragekomfort inklusive.

photo Olaf Martens **model** Winston, Time Model Agency

The Limited Edition.

Die limitierte Underwear kommt alle 30 Tage neu daher. Das Jetzt-oder-Nie-Design. Der inspirierende Szene-Cocktail, der gekonnt mit Farben, Zutaten, Schnitten experimentiert und Grenzen auslotet. Das Limit in limitierter Auflage. Der schnellste Highway des Designs mit zuweilen scharfen Kurven. Die Reifeprüfung für Design-Avantgardisten, die ständig gierig sind auf das Neueste aus der Zukunft. Wir nennen das Underwear für Trendverbraucher. Ergebnis: Eine Kultgemeinde von Sammlern nagelt sich die limitierte Serie übers Bett.

nierte Körper umhüllen. Jeden-
falls lassen Strings oder Ringer-
bodies diesen Schluß zu. „Aber“,
widerspricht Jassner. ...

„Not for ...

Sammler hängen sich Unterhosen von Bruno B...

Ostdeutscher Marketing-Preis für sächsische Designerwäsche / „Der Name i...

Bruno Banani Underwear GmbH, Mittelbach. Unterhosen eignen sich nicht nur zum Anziehen. Wolfgang Jassner, Geschäftsführer und Mehrheitsgesellschafter des sächsischen Herstellers von Designerwäsche, kennt Liebh... die sich Sl... no Banani... deshalb ve... Vereinigun... zum Absch... die Marketi... land 1997. I... Marktnische... zu werden, u... einer pfiffige... Jury.

Die Idee fü... bezeichnet Ja... stunde bei der...

damaligen Mittelbacher Textilfabrik bei Chemnitz, die in Lohnarbeit Wäsche vor allem für westdeutsche H... stellte ...

sen in ...

In fünf Jahren zum Marktfüh...

Manche Fans r... von Banani so...

VON TRAUDL RODEWALD

...NITZ. Er schneidert ohne ...ne Strickteile (je-... den-

falls einige von ihnen) im Stück gearbeitet werden. Er läßt seine Wäsche im Weltraum von Astronauten testen, und nur einer wie ... traut sich, Männer-Slips und ... mit Schmetterlingen z... Banani. Binn...

Die Liebhaber-Unterhose...

In diesem Jahr wagten sich etwa 50 Aussteller aus den neuen Bundesländern zur CPD (Collections Premieren Düsseldorf) an den Rhein. Bei einigen ist jedoch das Wort „wagen“ falsch gewählt. „excellent“ aus Zeulenroda etwa hat sich längst zum Schwimmer gegen den Branchen-Strom gemausert. Von 50 Prozent Umsatzplus im vorigen Jahr kann manch westeuropäischer Mitbewerber nur träumen (wir berichteten).

Aber der ostdeutsche Dessous-Hersteller ist beileibe keine Ausnahme. „Bruno Banani“ ist nicht nur Inside... telbacher ... 1993 gegründet, ist ein Senkrechtstarter. Gründer und geschäftsführender Gesellschafter Wolfgang Jassner berichtet stolz, ...

Banani“, erzählt der Mitfünfziger.

Diesen Kultstatus will sich die GmbH zunutze machen. Sie hat zwischen die Saisons eine zusätzliche Kollektion gepackt, die nur einmal in limitierter Auflage produziert wird. Die Liebhaber-Unterhose zum Sammeln sozusagen. Und, da ist sich Jassner nach Düsseldorf sicher, „die wird ein-

schlagen“. Di... falls war gro... Banani-Teile ...

ma...

Frankfurter Allgemeine Zeitung, 12.02.1997 – Leipziger Volkszeitung, 08.02.1996 –
Neue Presse, 14.06.1999 – w&v werben und verkaufen, 24.11.1995

bers Bett

seien auch in
in Fünf

r zu vergessen"

esignerwäsche aufgestiegen

eln sich Wäsche r an die Wand

sseldorf getestet. runo Banani macht n – durch trendiges so wie durch spekta-tingaktionen. hrige Firmengründer, Westpreuße, gelangte mark und Norddeutsch-n Baden-Württemberg. chwaben machte er eine studierte Be-

Besonders die exklusive Kollektion „Funtastic" hat nahezu Kultcharakter. Sie umfaßt nie mehr als 25 Teile, die nur kurzfristig lieferbar und nicht nachzubestellen sind. „Manche Freaks", erzählt Jassner in der Fachzeitschrift TexitilWirtschaft, „nageln sich Funtastic-Teile sogar an die Wand."

In dem halben Jahrzehnt seines Bestehens ist Bruno Banani schon so sehr Synonym für innovativen Chic geworden, daß Jassner be-

Herrenkonfektion sollen folgen – alles banani.

● In Hannover wird die Marke unter anderem in den Häusern Kaufhof, Horten, Sinn, IG von der Linde und Karstadt geführt.

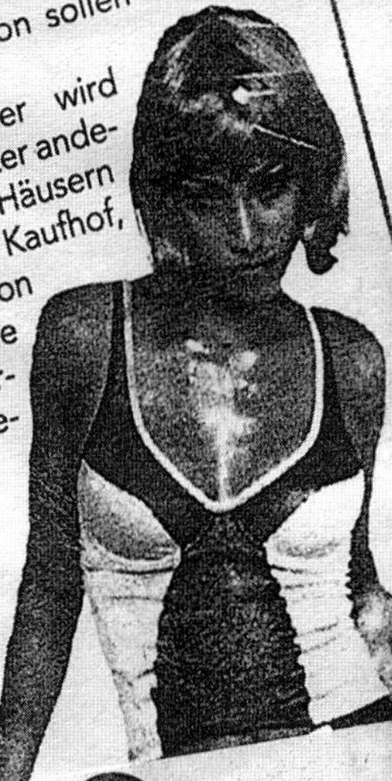

m Sammeln

den Sonnen-

eden- tentamt

mmunikation

erwäsche n Sammeln

Ein Newcomer

zugleich PR-Chefin von Stoll & Fischbach, Herrenberg, die den Etat betreut.

wür wo im

ka z d

Bruni-Banani-Kollektion 1996:

Your Funtastic Internet

Während die Basic Collections nur filigran auf ihrer Basis weiterentwickelt werden, nehmen die Limited Editions der Serie „Your Funtastic Underwear" konsequent im monatlichen Rhythmus Trends ihrer Zeit auf und bilden die Keimzelle neuer Trends. Da nur sofort für den Markt zu haben, muss man sich als Fachhändler schnell entscheiden. Wird ein Programm verpasst, kann es sein, dass man dasteht, als ob man auf einen Return wartet, der jedoch nie kommen wird. Ein kleines, funtastisches Review zeigt einige der Themen, die mit der funtastic vogue de bruno banani in den letzten Jahren über den Designhorizont schwappten.

photo Hans Kollmer **model** Winston, Time Model Agency

Your Funtastic Internet

photo Arthur Elgort **model** Karolilna, Daniela Wagner

Your Funtastic Fire.

Feueralarm auf der Haut. Hier hat sich schon mancher die Finger verbrennen wollen. Doch stopp! Davon sprechen wir heute nicht und überlassen Sie Ihrer Fantasie und den züngelnden heißen Flammen.

photo Jörg Schieferecke **model** Ivona, Modelmanagem.

Your Funtastic Aged & Used.

Alt und gebraucht. Von wegen! Diese Funtastics haben es in sich: Ein Stück vom Leopard, ein Stück vom Dschungel in Vintage-Optik. All over-Print in seiner denimsten Form. Jackson Pollock hätte seine reine Freude.

photo Jörg Schieferecke **model** Javier, Unity Models

Your Funtastic Perforation.

Der Hingucker für Durchblicker. Die Perforation macht ihrem Namen alle Ehre und lässt tief blicken. Und auch die Haut der Funtasticauten nimmt einen tiefen Atemzug und freut sich über prima Klima.

photo Bernd Kammerer **model** Gloria, m4 models

Your Funtastic Orient.

Wie ein Märchen aus 1000 und einem Tag. Golden, wie die Sonne, die sich im Osten über den Horizont erhebt, zeigt sich Funtastic Orient von seiner geheimnisvoll sinnlichen Seite in edlem gold- und bronze-metallischem Paisley-Allover.

photo Bernd Kammerer **model** Patrick, m4 models

Your Funtastic Patriot.

Für Funtastische Weltpatrioten auf ihrer Mission, den Planeten zu retten oder nur zu beglücken. Je nachdem, auf was Mann gerade Lust hat. International und offen für die ganze Welt und was sie an Schönem zu bieten hat.

photo Jörg Schieferecke **model** Micaiah, Modelwerk Hamburg

Wet Wear – Dressed to Swim.

Bademoden oder Wasserfälle, die sowohl unter der Basic Collections als auch unter der Funtastic-Flagge jeden Seegang zum Triumphzug machen. Der Markt hat anscheinend auch auf diesen Pool voller Power nur gewartet, der jede Saison mit neuen Farben, Formen und Materialen erscheint, der Leuchtturm ist für alle, die nach dem besonderen Design suchen. Wo immer man damit auftaucht, ist man an der Costa Bravo und fragt: Hast Du mal'n Meeresspiegel? Danke, meine Güte, sieht man darin gut aus. So strandet man ozeanriesig.

Your Air Active Underwear – Function & Fun.

Mit dieser Serie präsentiert bruno banani eine weitere Air(a), untermauert seine Philosophie und erobert eine neue, bis dahin brachliegende Marktnische.

AIR ACTIVE erweitert die bruno banani Success World. Aber wozu? Können Aktive auf eine neue Qualität und Funktionalität im Trage- und Wohlfühlkomfort nicht genauso gut verzichten? Muss die Auswahl in den Regalen wirklich noch größer werden? Reicht es denn nie? Kann man sich nicht mal gemeinsam mit dem Fortschritt hinsetzen und zusehen, wie andere an einem vorbeirauschen, während man selbst gedankenverloren auf der Strecke bleibt und sich überlegt, ob man lieber auf einer einsamen Insel Schafe hüten will? Die Moral der Philosophie einer bruno banani-Neuheit, oder des Erfolgs – wie Sie wollen – ist, dass sich bruno banani nicht zum Schafhirten eignet und lieber aus Visionen neue Originale macht. Wie zum Beispiel AIR ACTIVE. In Zusammenarbeit mit renommierten Stofflaboren gelang hier eine einzigartige Materialkomposition aus dem Future-Stoff Tactel, Feinkost-Baumwolle und der bewährten Elastic-Faser Dorlasthan. Absolutes Novum der Entwicklung: AIR ACTIVE ist nicht nur quer-, sondern auch längselastisch. Daneben verfügen die auf der Haut liegenden, superfeinen Filamentgarne des Tactel über eine hochwirksame Hydrophil-Konstruktion, optimal um dafür zu sorgen, dass

Körperfeuchtigkeit nach außen transportiert wird, wo sich die Flüssigkeit auf der Baumwollschicht großflächig verteilt und auf diese Weise schnell verdunsten kann. Im Ergebnis erreicht der zukunftsweisende Material-Mix Hautsympathie und Bewegungsfreiheit in nie gekanntem Purismus. Das bestätigten auch erbarmungslose Härte-Tests, durchgeführt von Spitzensportlern, etwa den Fallschirmspringern der deutschen Nationalmannschaft. Sie konnten vor allem erleben, wie extrem strapazierfähig AIR ACTIVE ist, ebenso wie formstabil und sensationell elastisch. Natürlich hätten wir von den Air-Cracks gerne auch ein begeisterndes Bekenntnis darüber erhalten, dass die Serie super atmungsaktiv ist und bei 40 Grad waschbar. Aber für den Auftrag, offizieller Ausrüster der Deutschen Nationalmannschaft im Fallschirmspringen zu werden, reichte es dennoch. Zitat: „Als Under- und Sportswear gibt es nichts Vergleichbares auf der Haut."

Von der ungewöhnlichen Pressepräsentation zum TV-Auftritt. Air Active ist ein besonderes Stöffchen. Das bestätigte auch der siebenmalige Radweltmeister Michael Hübner, der Air Active fürs Fernsehen testete, damit es neben ihm als Körper- auch über die TV-Sendung „outfit" jede Menge Augenzeugen gab. Angesichts der vielseitigen Benefits staunender Augenzeugen – was bruno banani an den Verkaufszahlen ablesen konnte –, erzielt in allen möglichen Abteilungen des Fachhandels, hatte der es schwer und hat es immer noch, einen Point of Sale (POS) zu finden, an dem sich AIR ACTIVE nicht verkaufen lässt. Ein Verdienst der Positionierung Function & Fun, die Material- und Designerrungenschaft dieser Marke für das tägliche Wohlgefühl-Wow bis hin zur Spitzensport-Ausstattung prädestiniert und somit für unterschiedlichste Zielgruppen attraktiv macht. Und tatsächlich wartet in der Wäsche/Dessous-, in der Sportswear- sowie in der Fashion- und Young Fashion-Abteilung bereits eine perfekte Zielgruppe.

Underwear, Sportswear, Outerwear, fragt wer? Die Markteinführung von Air Active fand 1996 statt, einer Zeit, in der sich die Fashion-Grenzen in den Freizeit-Bereich zu verlagern begannen und Konturen verwischten. Zunehmender Individualismus einerseits, abnehmender Formalismus im Outfit andererseits begründeten diesen Kurs. Nichts hat das Steuerrad der Entwicklung seither zurückgedreht, im Gegenteil, es wurde noch stärker verankert.

1996: Nur drei Jahre nach dem Markteintritt gab es bereits ein umfassendes Underwear-Angebot von bruno banani: ingesamt vier Underwear-Linien und zwei Swimwear-Linien. Not for everybody, but for every body. Und allesamt Chartbreaker im Markt, was unser Unternehmen in dieser kurzen Zeit dahin brachte, wo nur Marktführer stehen, an die Spitze!

ALLE PAC
WIR PAC

KEN AUS.
EN EIN.

Verpackung mit Sichtfenster

Das Verpackungskonzept.

bruno bananis Neo-Hülle gibt auch hier die Moderichtung vor.

Man kann sich darüber streiten, ob sich Mode immer in profaner Nacktheit in den Modehäusern und deren Abteilungen präsentieren muss, um von Dahinschlendernden betoucht zu werden, oder ob man Modewerte nicht auch verpackt zur Schau stellen kann, wie es unsere Marke als erste Designermarke am POS getan hat. Der Authentik seines Egos und Designs zu Liebe. Den Knast der Denkgebote verlassend in der Überzeugung, dass es keine zwingenden Schlussfolgerungen gibt, keine berechtigte Konvention. Es ist nicht die verkrampfte Widersetzung eines scheinbar logischen Konsenses, das Egal-wie-aber-wir-sind-anders-Denken, es ist das multidimensionale, offene Weltbild unseres Unternehmens, das Neuland betreten und erobern kann. Die umweltfreundliche Kartonverpackung mit Sichtfenster belegte das. Jung und unkompliziert gestaltet, weckte die Verpackung das Interesse der Verbraucher und kann auf sensationelle Umschlagsgeschwindigkeiten verweisen. Eine neue

Designermarke präsentiert sich in neuer Form, die Verpackung als Maßnahme der Marke wird zum Vehikel für phantastische, auf die Marke und ihr Produkt gelenkte Aufmerksamkeit. Das fiel auf, kam an, machte neugierig, versprach viel und hielt viel, was letztlich ja das Entscheidende ist. Für bruno banani-Kunden gilt deshalb: Vorfreude ist nicht die schönste Freude.

Special Agents bringen die Marke.

Anderswo sind es freie Handelsvertreter, bei uns sind es Special Agents. Und die sind völlig anders. Das junge, ganz speziell zusammengestellte Team, lebt bruno banani, versteht die Philosophie und kann sie rüberbringen. Dazu wurde niemand in ein von der Außenwelt abgeriegeltes bruno banani-Gehirnwäsche-Camp gesteckt, die Markenbotschaften mussten auch niemand in die Gehirnwindungen gepresst werden, es genügte, Menschen zu finden, die für Marke, Design und neue Wege brennen.

Nur die besten bleiben Special Agents.

Nicht alle Special Agents erkannten das vorhandene spezielle Potenzial. „Die Kollektion ist zu klein. Die Verkäuferinnen lachen sich bei diesem Namen kaputt. Lassen Sie Ihre Kollektion wieder abholen“, hieß es bei den mutlosen Special Agents. Andere Special Agents waren keine echten, sie nahmen das Angebot nur ohne innere Überzeugung mit. Dagegen gelang es wenigen der ersten Stunde für die Marke und das Angebot zu brennen. „Nichts ist so alt wie die Marken von gestern. Der Markt braucht neue, junge Marken“, war ihr Motto. Am schwierigsten war es, die ersten 100 Kunden zu gewinnen. In dieser Phase entscheidet sich die Zukunft einer Marke. Das außergewöhnliche Produkt, der markante Markenauftritt und die jungen & hungrigen Special Agents verhalfen bruno banani zum Durchbruch.

Außendienst by bruno banani: Die Special Agents

Wer nicht hungrig war, wer nicht für die Marke brannte, wurde schnell verabschiedet. Hier konnte nicht lange gefackelt werden. Nach kaum einem halben Jahr stand die Mannschaft. Jung, selbständige und unternehmerisch denkend. So sind unsere Special Agents. Nur bei Erfolg klingelt die Kasse.

Die ersten 100 Leuchturmkunden wurden gewonnen, ein dynamischer Prozess ins Laufen gebracht. Bereits nach einem halben Jahr gab es Neukunden-Sperre. bruno banani wurde begehrlich, die Nachfrage wuchs schneller als die Kapazitäten. Diese mussten schnell versechsfacht werden. Ein Traum für jedes junge Unternehmen. Die Konkurrenz wollte und konnte nicht begreifen, wie so etwas möglich sein konnte.

Absatz klug eingefädelt.

Nicht jeder Fachhändler bekommt bruno banani. Nachdem die Marke schnell in aller Munde war, gab es natürlich viele, die den Designer gerne angeboten hätten. Unsere Designer-Underwear wurde zur most wanted brand. Doch: Not for everybody. Der Raum, in dem sie verkauft wird, beeinflusst das Markenbild erheblich, das ist eine simple Tatsache. Der Imagetransfer von einer Automarke auf denjenigen, der ihn gerade fährt, ist ein gutes Beispiel. Zu konservativ, zu schmuddelig, zu nichtssagend, zu langweilig, zu ausgeflippt, zu extrem, zu verbohrt, zu inaktiv, satt, ... so sieht bruno banani nie. Nur der selektive Absatz verspricht Erfolg, alles andere wäre für die langfristige Markenführung so wertlos wie ein kleines Steak. Selektiv heißt: wir wollen den smarten, trendorientierten, nicht austauschbaren Fachhandel mit entsprechend eigenem Charakter in den bevorzugten 1A-Lagen größerer deutscher Städte, um sich den dort vorherrschenden Zeitgeistlichen zu zeigen und deren Meinungsführerschaft unter neue Flagge zu setzen. That's the Enter. Und der Beginn einer echten Partnerschaft mit bruno banani.

Der bruno banani Award.

Aufgrund besonderer Leistungen und frei von jeglichen Leihgebühren begann unser Unternehmen schon früh in jeder Saison seinen Award an den Fachhandel zu verleihen. Als Dank für besondere Taten am POS, seien es großartige Verkaufserfolge, geniale wie auch zugkräftige Präsentationen, Dekorationen oder Aktionen; sowie zur Motivation des Fachhandels. Gewinnen konnte jeder, wichtig war und ist das ständige Beginnen einer Success Affair, so dynamisch und kreativ wie die Marke selbst zu sein. Acker, Mann, dann kriegst du auch einen Ackermann: Wir konnten den bekannten Bildhauer Lutz Ackermann dafür gewinnen, den bruno banani Award zu entwerfen.

Der erste Preis des bruno banani Awards kreiert von Lutz Ackermann

Der 1941 in Sindelfingen geborene Künstler verschaffte sich durch seine Arbeiten internationales Renomeé – denn niemand verkünstelt sich in Stahl, Holz und Stein wie er. Aufgrund seines hohen Ansehens, seiner Kompetenz und Erfahrung erhält Lutz Ackermann bis heute neben Stipendien aus ganz Europa auch Einladungen von verschiedenen Medienanstalten, wie etwa vom Stern, dem SWR oder der ARD.

Der Rechts- und Linksweg, um den begehrten Award einzuheimsen, war natürlich ausgeschlossen. Sonst war alles erlaubt. Und die jeweiligen Underwear-Unikate aus Stahl wurden stets durch echten Einsatz und tolle Ideen gewonnen. bruno bananis Magazin „Propaganda“ berichtete regelmäßig darüber, stellte Winner und Konzepte vor. Durch die Maßnahme Best-of-Inszenierungen und -Umsätze auszuzeichnen, gelang es, einen Mosaik-Stein zu werfen, der einiges ins Rollen brachte, und einen Fachhandelspool aufzubauen, der es bis heute versteht, unsere Marke produktgerecht als Außergewöhnlichkeit und Aufsehenerregung darzustellen. In kleineren Handelsformen fällt dies nachvollziehbar leichter als in großen Häusern und Handelsketten, doch der Award ist auch von den dortigen Control Towers voll erfasst worden. Wer auf dem Markt eine Landeerlaubnis will, kann nicht mit uralten Vögeln daher kommen, da müssen schon Set Jets her. Jets im dauernden Anflug und voller Solutions-Sets! Die Marke muss eine Lösung sein und sie muss Lösungen mitbringen.

Von Anfang an war der Award in dieser Beziehung ein schlüssiger Beitrag innerhalb der einzelnen Partnerschaften mit dem Fachhandel, die über das alte Rein-Raus-Spiel hinausgehen. Im gegenseitigen Verstehen und Anregen lag und liegt der Mehrwert, der beiden Seiten Pushs bietet, ein Team bildet und einen Geist einziehen lässt, den Teamgeist des Erfolgs.

Woodstock – der mobile Underwear-Präsenter

Am POS werden Hippies umdefiniert.

Love, Peace and Happiness. Diese drei Worte feierten tausende Blumenkinder im Matsch von Woodstock. Für bruno entwickelten wir diese Idee weiter. Was macht unsere Handelspartner glücklich? Sicher kein Matsch. Wir präsentierten ihm dennoch Wood-Stock: den ersten mobilen Warenpräsenter, das kleine Lager direkt am POS. Für Love. And Peace. And Happiness. Weil klasse Umsatz.

Designer-Underwear is coming home.

1997 eröffnet bruno banani den ersten Store speziell für angesagte Underwear. Im schwäbischen Aalen versammelt bruno banani seit dem 4. Oktober 1997 auf 75 Quadratmetern die most wanted Designermarken. Neben den eigenen Programmen sind beispielsweise Calvin Klein, Versace und Boss präsent. Eine vergleichbare, derart konzentrierte Gelegenheit zum Shopping von Designer-Underwear gab es bis dato in Deutschland nicht. Jede Marke hat dort ihren eigenen, individuell-exklusiven Auftritt. Das Gesamtkonzept des Stores schafft ein übergreifendes Ich-bleib-noch-Ambiente. Für Initiator und Betreiber bruno banani ist der Laden ein deutscher Test- oder Rohdiamant, aus dem man künftig vielleicht eine brillante Kette machen wird.

Es zahlt sich aus, immer aktiv zu sein. Das zeigt sich besonders in gesamtwirtschaftlich schwierigen Zeiten, die man dann zwar auch zu spüren bekommt, aber nicht so hart wie jene, die glauben, der Karriere-Lift werde schon kommen, seine Türen würden sich von selbst öffnen und sie flugs nach oben befördern.

Der Test-Store von bruno banani in Aalen ist ein Mosaikstein der Aktivstrategie, mit dem im adäquaten Markenumfeld geballte Volksfürsorge für den hier lebenden Teil unserer Zielgruppe betrieben wird. Auch den Handel berücksichtigt er in seinem Vorteilsspektrum. So hat man das Shop-in-Shop-Konzept ins Leben gerufen, das sich aus diesen Erfahrungen entwickelte. Auch in diesem Vertriebskanal sicher gehen, nicht in einem Trampelpfad zu landen. Die Marke bruno banani ist und bietet etwas Besonderes, das heißt, dass die Absatzwege und Marketingmaßnahmen, die ergriffen werden, zum Profil passen müssen. Was das Shop-in-Shop-Konzept betrifft, so kann der Handel von dieser Denke und Vorgehensweise nur profitieren. Denn die Leute wollen keinen Einheitsbrei, sie wollen auf Marken stoßen, an denen sie sich reiben können, sie wollen etwas Wahres, das nicht jedem Cent hinterher schleimt, nicht opportunistisch die Design- und Botschaftsflagge in den gerade günstigen Wind hängt. Das zahlt sich auch für den Handel aus, der sich mit solchen Marken, wie wir es zum Beispiel sind, profilieren kann.

Flagship-Store in Aalen

Der Handel wird insgesamt unter immer stärkeren Preisdruck gesetzt und veranstaltet deswegen eine Rabattaktion nach der anderen. Das ist kein Marketing, das ist ziel- und hilfloser Aktionismus und Werteverrat! Mit uns dagegen macht er statt dessen Mengen-Rabatz und Imageboden gut.

Help! Das bruno banani Shop-in-Shop-System.

Aalen wurde wie erhofft zur erstklassigen Erkenntnisstätte für die Konzeption und Realisierung unseres Shop-in-Shop-Systems, das im November 2000 erstmals im Fachhandel zum Einsatz kam. Die Markenwelt umfasste inzwischen schon Underwear, Swimwear, Menswear und Accessoires. Das Shop-in-Shop-System präsentiert diese Welt in einer völlig neuen, einzigartigen Atmosphäre. Eben voll und ganz der Brand Performance von bruno banani entsprechend. Daraus leitet sich schlüssig auch das puristische Design und die hochwertige, detailverliebte Verarbeitung des Systems ab. Da stimmt alles. Selbstverständlich auch die Flexibilität. Mühelos kann es sich auf die jeweiligen Vorort-Gegebenheiten im Handel einstellen. Dafür haben wir einen modularen Aufbau mit äußerster Anpassungsfähigkeit auf die Beine gestellt: Das ist echte Verkaufsförderungshilfe, die damit allerdings längst nicht endet.

Shopdesign made by bruno banani

Der Handel will mit Shop-in-Shop-Systemen nicht nur starke Markenprofile unter seinem Dach als Magnete nutzen. Er schätzt und fordert auch die ständige Nachlieferbereitschaft, hat zudem weder etwas gegen Personalschulungen noch gegen Merchandiser, die in dem Shop immer wieder für Stimmung sorgen. Die Zeiten, in denen Hersteller lediglich an den Reinverkauf denken mussten und das Geschäft im Handel mehr oder weniger von alleine lief, waren schon lange vorbei. Das Geschäft gemeinsam ins Rollen bringen, ist das Credo neuer, mit jener Win/Win-Qualität versehener Partnerschaften, der echte Corporate Power anhaftet. Shop-in-Shop-Systeme sind dazu ein maßgebliches Mittel bzw. der Umsatzfaktor für den Fachhandel.

Der anspruchsvolle Verbraucher findet dort, was er sucht: eine wiedererkennbare, markengerechte Inszenierung der Ware. Wir stellten hierfür drei Versionen zur Auswahl, die je nach Flächenkonzept des einzelnen Händlers frei konfigurierbar sind. Da wäre zum Ersten der bruno banani shop: die Full Motion-Lösung mit Präsentern, Visual-Merchandising, Boden und Beleuchtung. Zum Zweiten der bruno banani light shop: eine abgespeckte, aber topfite Adaption der Premium-Ausführung. Zum Dritten hält die Marke das bruno banani NOS Depot bereit, das seine Reize über Original-Präsenter mit Fokus auf die Markendarstellung vom Stapel lässt.

bruno banani

Think b

gger!

Mit der Lizenz zum Expandieren: der Ausbau der Produktpalette. bruno banani manifestiert sich als internationale Designermarke mit Lifestyle und Komplettprogramm.

The success must go on. Die Grundlage bildet die Markenkultur „Not for everybody, but for future". Schon Anfang der 90er Jahre, als alles begann, war uns klar: Diskutanten gibt's genug. Aber der Wortwechsel ist eben kein fruchtbarer Boden für das Neue; Konzepte, die auf Innovation und Aktion setzen, dagegen schon. Der Erfolg gibt uns Recht. Nun kommen einige Wunschkinder dazu: Jeans, Lederhosen, Hemden, Jacken, etc. – alles, was es schon längst gibt, aber eben noch nicht mit der Philosophie unserer Marke. Und dafür ist es Zeit. Höchste Zeit, wie auch die Nachfrage belegte. Vom Internet-Planet der Marke konnte sogar der Ruf vernommen werden: „Macht auch Waschmittel!" Bei so viel Vertrauen in das Reine darf man sich dann wohl getrost auch als glänzend heraus geputzte Success-Family fühlen. Und das schon im sechsten Jahr nach der Gründung. Ausgehend vom Kerngeschäft Designer-Underwear – was wir übrigens als erstes Unternehmen mit dieser Produktherkunft durchzogen – folgte jetzt der Schritt zum Komplett-Outfit-Anbieter. Ausschlaggebend war die Akzeptanz des Kerngeschäfts, die bruno banani solch starken Rückenwind lieferte, dass man sich für diesen ungewöhnlichen Schritt in einer relativ frühen Phase der Markenentwicklung entscheiden konnte. Stellen Sie sich vor, Sie haben Kinder, die am Tisch sitzen und jetzt, nachdem sie ihr Lieblingsfood vernascht haben, nach allem greifen, was sonst noch auf dem Tisch steht. Sie brüllen und verlangen einfach mehr, mehr, mehr, in der Hoffnung, dass alles so gut ist, wie das, was Sie ihnen hauptsächlich serviert haben. Und wir sagten: Also schön, sollt ihr haben. Oder stellen Sie sich vor, Sie begegnen Ihrem Traumpartner, Sie stehen vor ihm und Sie küssen sich, Sie sind hin und weg. Werden Sie dann vielleicht sagen: „Danke, mehr will ich nicht." Das werden Sie nicht! Sie wollen mehr, und zwar am besten so viel Sie nur bekommen können. Ausschlaggebend ist, dass man dem Profil der Marke treu bleibt, es lebendig vermarktet und so immer attraktiv hält. Als ob wir es schon bei der Unternehmensgründung geahnt hätten: Mit der internationalen Ausrichtung und der unverwechselbaren Markenphilosophie „Not for everybody" hatten wir den richtigen Spaten zur bereits frühzeitigen Einweihung eines multilateralen Markenhauses benutzt. Und alle Bewohner gehören so klar zur Dachmarke wie das Schild an seiner Tür. Durch die Vergabe von Lizenzen zogen als erste

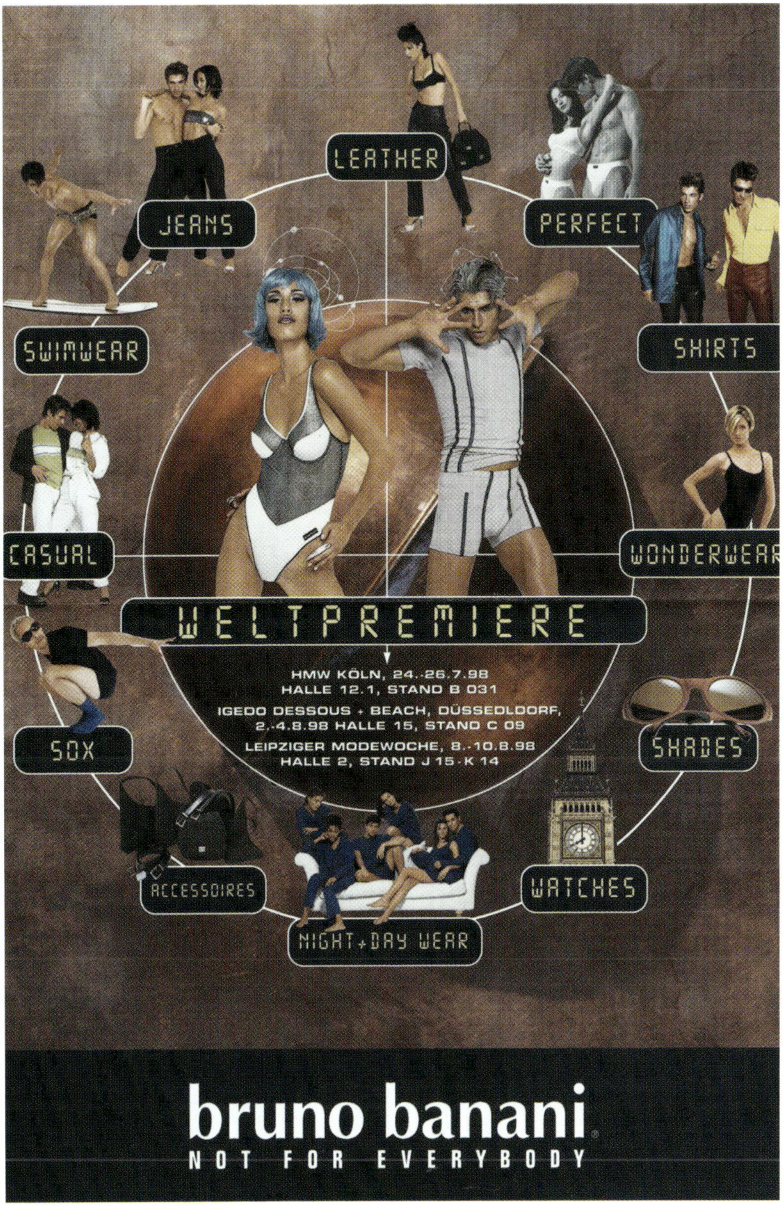

Die Propaganda präsentiert die Markenwelt

die Accessoires wie Socken, Sonnenbrillen und Uhren ein, dann folgten Men's Wear-Kollektionen in Gestalt von Hemden, Jeans und Casual Wear, nicht zuletzt gaben sich Gürtel, Sakkos und Hosen ein Stelldichein. In Vorbereitung der Premiere als Komplett-Outfit-Marke arbeitete bruno banani von Anfang an mit mehreren Design-Büros in Paris und Mailand.

Not for everybody. Ein Gesetz. Auch für die Lizenzen.

1999 präsentierte bruno banani auf der Herrenmodewoche in Köln seine erste Suit-Kollektion sowie weitere Lizenzprodukte, alle ausnahmslos erstellt im kreativen Zeitraum des unvergänglichen JAs, nach allen Regeln der Echtschaffenheit; der Not for everybody-Modernität. Die Botschaften an den Fachhandel waren unüberhörbar: Achtung am Umsatzgleis 1a, Hochgeschwindigkeits-Anzüge fahren ein! Und nicht nur die.

Neu: bruno banani im Anzug!
Falls Sie das blendend finden,
bruno banani hat auch Sonnenbrillen.

Neu: bruno banani im Anzug!
Falls Sie jetzt völlig von den Socken sind,
bruno banani hat auch Socks.

Neu: bruno banani im Anzug!
Falls Sie die Konkurrenz damit in die Tasche stecken wollen,
bruno banani hat auch Bags.

Neu: bruno banani im Anzug!
Falls Sie verhindern wollen, vom Leben bestraft zu werden, bruno banani hat auch Uhren.

Zeitmaschinen fürs Handgelenk: bruno banani watches

Darauf möchten wir ebenfalls etwas näher eingehen, da der Zeitpunkt einmalig war: Die bruno banani Watch-Kollektion startete nämlich rechtzeitig zur Jahrtausendwende mit den Serien „Your Perfect Watch", „Your AirActive Watch“ und der „Limited Edition Watch“.

Limitiert im Sinne des Wortes. Alle Watches werden fortlaufend auf der Rückseite nummeriert. Und zu gegebener Zeit als interaktives Medium benutzt. Zum Beispiel limitierter Zugangscode für die Cyberwelten des Internets. Ein neues Zeitalter brach an. Der Fachhandel war pünktlich. Er wusste, dass alle, die gerne einen besonderen Tick hätten, ihn mit den ungewöhnlichen Zeitmessern bekommen könnten. Futuristisches Design und extreme Belastbarkeit kennzeichnete die Zeit der besonderen Art für sie und ihn. Als origineller Blickfang umrundete ein als Rakete gestalteter Sekundenzeiger das schwarze Ziffernblatt. Zwölf Mini-Planeten markierten, was die Stunde geschlagen hat und vollendeten die kosmische Optik, umgeben von einem mattierten, bis zu 100 Metern Tiefe wasserdichten Gehäuse aus Edelstahl. Wenn es einem im Orbit also zu langweilig wurde, konnte man ein Date mit Kapitän Nemo vereinbaren und zur rechten Zeit dort eintreffen. Wer auf einen Tauchring nicht verzichten wollte, griff auf die „Diver“-Serie der Kollektion zurück. Wer den idealen Chronographen als Begleiter für seine Quantensprung-Pläne suchte, war bestens mit der sportiv-spacigen Watch-Range „Quant“ bedient. Tempus summarum: Das neue Jahrtausend konnte kommen. Man war zeitgemäß gerüstet.

bruno banani Man (2000)

Schließlich führten wir die erfolgreiche Lizenzstrategie in den Bereich Lockstoffe. Das wahre come together beruht auf Zu-Neigung.

Im Jahr 2000 schloss bruno banani mit Cosmopolitan Cosmetics einen langfristigen Lizenz-Vertrag für Duft- und Körperpflegeartikel ab. Die Basis der Designermarke im Fashion-, Lifestyle- und Beautybereich erhielt solchermaßen eine weitere Säule und schuf zusätzliche Cross- Selling-Potenziale im nun von Underwear bis zur Körperpflege reichenden Kolorit bruno bananis. Planmäßig erschien die erste Duft-Serie für Herren – bruno banani Man – im Sommer des Millenium-Jahres. In Anlehnung an Bewegung und Bewegtheit wurde der Flakon, der in konsequent linearer, aber dennoch individuell-charakteristisch geneigtem Design erscheint, geschaffen. Beweggrund ist der Duft, der den Anspruch an exklusives Körperbewusstsein, charismatische Unabhängigkeit und von Sex-Appeal geprägter Dynamik personifiziert. Als Ausdruck des wahren Ichs, das sich von der Masse unterscheidet.

Von allen im Körperpflegemarkt vertretenen Duftmarken wenden sich etwa 500 an die Zielgruppe Männer. Insgesamt kommen jährlich durchschnittlich 140 neue Marken in den Handel und genauso viele verschwinden gleichzeitig wieder. Das zeigt, wie hoch der Verdrängungswettbewerb ist bzw. wie hoch die Anforderungen an die Durchsetzungskraft einer Duftmarke sind. Ein wesentlicher Einflussfaktor hierfür ist das hohe Trendbewusstsein der Konsu-

bruno banani Woman (2001)

menten im Duftsegment. Kundenbindung fällt entsprechend schwer. Etablierte Marken und Global Player, die auch in anderen Segmenten agieren, tun sich dabei aufgrund ihres etablierten Corporate Images leichter. Die Vorgehensweisen sind oft dieselben: Erotik und mystische Welten dominieren, individualistische Credos drängen sich aber mehr und mehr auf. Folgerichtig ist es eine dufte Zeit zur Entfaltung des Odeur der bruno banani-Welt.

Und bruno banani Man schlug ein wie Casanova, der als erster Mann seit fünf Jahren am Ufer einer Amazoneninsel landet: Im Einführungsjahr springt der Lockstoff für Individualisten in die Top Ten der deutschen Herrendüfte[5]. Und auch heute, im Jahr drei nach der Einführung, geht an bruno banani Man kaum ein Duft vorbei. Unter den 500 Fragrances im deutschen Herrenduftmarkt hat er sich in den Top 15 festgesetzt.

Gleichberechtigung made by bruno banani.

Ein Jahr nach dem Jahrtausendwechsel finden feine Nasen bruno banani auch auf Frauenkörpern. Der neue Duft bruno banani Woman hat – wie das männliche Pendant – das „gewisse Etwas", die besondere Souveränität und

5 IRI/GfK Handelspanel,Gesamtmarkt Deutschland, September 2000.

Lebenslust, die die ganze Welt mit einem einzigen duften Lächeln erobert. Neben der geheimen Rezeptur ist das Geheimnis des Erfolges die Trägerin. Sie nimmt sich selbstbewusst das Recht, ihre Wünsche und Träume auszuleben. Couragiert und voller Lebens-Lust. Sie lotet ihre Grenzen aus. Sie kombiniert die sanfte Verführung eines Engels mit der feurigen Leidenschaft eines Teufelchens. Das kann man nicht nur mit der Nase erleben, sondern auch sehen.

Der Erfolg: Wie der Herrenduft springt bruno banani Woman im Einführungsjahr in die Top Ten des Deutschen Damenduftmarktes – im Februar 2003 sogar auf Platz 3 in einem der umkämpftesten Märkte. Und etabliert sich so – auf dem Weg zum Klassiker – wohl langfristig in den Top Ten[6].

Im Jahre 2000 startete bruno banani die Aktion Nasale Weltherrschaft. Nach ursprünglich drei Launch-Ländern (Deutschland, Österreich & Schweiz) gibt es bruno banani Fragrances inzwischen in über 13 Ländern. Den größten Anteil bilden dabei die anspruchsvollen Europäer, aber auch im Mittleren Osten und selbst in Australien tragen Individualisten bruno banani.

Preise gewinnt man mit der Nase anderer. Dufte Zahlen für bruno banani: bruno banani Man:

- Trend Award 2000 von Musikexpress
- Nationaler POS-Marketing Award 2001 Gold

bruno banani Woman:

- Nationaler POS Marketing Award 2002 Gold
  Internationaler POS Marketing Award 2002 Silber

[6] Ebd., Februar 2003.

Die bruno banani Lizenzen und deren Nehmer, Stand 2003.

bruno banani Beauty Equipment: Manus AG, Frechen.
bruno banani Shoes: Prime Shoes GmbH, München.
bruno banani Legwear: Kunert AG, Immenstadt.
bruno banani Shades: Swank International Optical Co. Ltd., Hongkong.
bruno banani Watches: Chung Nam Watch Co. Ttd., Hongkong.
bruno banani Duft: Cosmopolitan Cosmetics GmbH, Köln.
bruno banani Jewelry: World of Brands GmbH, Pforzheim.
bruno banani Suits : Kaiser GmbH, Kleinheubach

Fortsetzung folgt. Und es wird dem Markt unendlich recht geschehen. Das Kerngeschäft ist und bleibt dessen ungeachtet Underwear. Mittelpunktum.

Kapitel 3. **Das Marke**

g und die Härte.

Plädoyer für das Selbst-Vertrauen.

Größe ist eine Voraussetzung, um groß zu werden.

Eine A-und-O-Maßnahme vor der Markteinführung einer Marke ist die Definition der Positionierung. Wo soll die Marke stehen, welche Position soll sie im Markt einnehmen, wer steht in der Nähe, wodurch grenzt sich die Marke vom Nachbar ab, so dass sie möglichst eigenständig wahrgenommen werden kann? Diese und andere Fragen müssen beantwortet werden. Und je besser die Antworten ausfallen, desto besser ist das Gefühl, das man mit seiner Marke verbindet. Unsicherheiten lösen sich auf. Die Heimat ist gefunden, willkommen!

Auf der Suche nach dem idealen Wohnsitz der Marke wird gerne auf das Mittel der Marktforschung zugegriffen. Auch bruno banani tat und tut das. Die gewonnenen Zahlenkolonnen und Analysen werden dann als Korrektiv eingesetzt und bilden im Erfolgsrezept eine wichtige Zutat. Gekocht wird aber mit Risikobereitschaft, die sich in erster Linie am Bauch orientiert, der zuverlässigsten Fundgrube für die besten Ideen.

Zwar ist zahlenmäßig scheinbar alles erfassbar, vorhersehbar, doch die immer rasanter wechselnden Konsumbegierden und -triebe sind zunehmend von Emotionen gesteuert, daher schwer auszuloten und zur Irreführung prädestiniert. Banal, aber real, sagen wir vor diesem Hintergrund: Wir machen die Trends! Die Betonung liegt auf *machen*. Wir glauben an die Idee unserer Marke, an unseren Trendriecher, daran, dass wir Teil der Zielgruppe sind und durch zu starken Test- und Zahlenbezug in eine Idee-ausgeforscht-Phantasie-tot-Knechtschaft verfallen, die nur beweisen würde, dass wir von der Zielgruppe ziemlich weit weg sind, dass wir im Lauf der Zeit die Nachhut bilden werden und dabei insbesondere Gefahr laufen, unsere Persönlichkeit zu verlieren. Und wenn eine Marke keine Persönlichkeit mehr hat, hat sie gar nichts mehr, es sei denn jede Menge Zahlen.

Esprit futsch, der Zeitgeist sagt, auf Wiedersehen, im Handel wird man zur leb- und wertlosen Mangel-Ware, das Selbstvertrauen der Marke geht in die Knie und schließlich geht man von der Bühne. bruno banani managet seine Positionierung als Designermarke mit der „Not for everybody"-Wirkung, fördert und inspiriert das Wesen seiner Eigenart bzw. seines Naturells täglich auf frischer Tat. Er navigiert mit der notwendigen Kühnheit, langjährigen Erfahrung und Kompetenz zur sensiblen Einschätzung wie Anwendung von

Datenerhebungen durch die Markenwelt. Die Positionierung wird als Freiraum begriffen, statt als Zwangsjacke, in dem die Marke ihren Esprit kultivieren kann, in dem sie eigene Regeln aufstellen kann, in dem rasche Aktion und Reaktion sowie die temperamentvolle Interpretation der Markenpersönlichkeit erlaubt ist. Das macht unsere Marke aus, verleiht die Größe, die würdig macht, groß zu werden. Das macht eine erfolgreiche Marke im Allgemeinen aus und in puncto prinzipiellem Brandleading zu einem Satisfactionizer in jeder Konsumzukunft.

Was ist das Besondere am Marketing unseres Unternehmens, wodurch die Marke es geschafft hat, zur Dauerwelle zu werden und nicht nur die eine oder andere La-Ola-Runde auszulösen?

Es ist die Erkenntnis, dass hohe Qualität und eine dem Anspruch gemäße Vertriebsstrategie allein nicht genügen, um Designer-Underwear erfolgreich am Markt zu platzieren. Es kommt darauf an, als das Besondere wahrgenommen zu werden. Dazu investierte bruno banani in den ersten Jahren rund 20 Prozent seines Jahresumsatzes.

In diesen Topf fließen im Vergleich zur Branche überdurchschnittliche Investitionen. Gefragt sind intelligente Konzepte, denn wenn die Kommunikation nichts taugt, berechtigen selbst 100 Prozent im Marketing-Pott nur zu schönster Hoffnungslosigkeit. Das Gegenteil war und ist in Chemnitz der Fall und das ist das Verdienst des speziell entwickelten, integrierten Kommunikationskonzeptes. Dieses prägt bis heute unser erfolgreiches Marketing. Realisiert wird es mit einem konsequenten und klaren Markenauftritt, der die gesamte Welt der Marke mit allen Lizenzen umfasst. Und der Wille zum Erfolg, die Begeisterung für die Marke ist nahezu unbändig.

Anders als das puristisch gestaltete Erscheinungsbild der Marke, das auf ein distinguiertes, zurückhaltendes Kommunizieren der Marke schließen lassen könnte, provozierte das Konzept von Anfang an den Dialog mit Meinungsbildner und Zielgruppe. Nicht via aggressiver Frontal-Public-Relations – auch wenn wir damit vielleicht schon wieder eine vorweg genommene Meinung umbilden müssen – und auch nicht durch die von Mal zu Mal Aufsehen erregenderen Events als ein Auffallen um jeden Preis oder als eine Art American Scream.

Der Kern des auf die Marke zugeschnittenen Marketings besteht darin, Trends so zu setzen, dass sie als offensichtliche Einmischung und Herausforderung daher kommen. Gleichzeitig aber tritt sie in der Diktion selbstbewusster Offerten, also als Einladung auf, welche weder die Plump-Grenze jemals überschreiten, noch Offensive mit schonungsloser Aufdringlichkeit verwechseln würde. Wir greifen keine Konkurrenten an, die Marke verunglimpft keine Wettbewerbsprodukte, sondern respektiert sie, und stellt seine Leistung neben die des Status Quo. Der Konsument kann die Angebote betrachten, vergleichen, muss oder kann sich dann zumindest provoziert fühlen, weil bruno banani im gesamten Markenauftreten, im Design und der Funktionalität der Ware als Ausnahmeerscheinung auftaucht.

Wenn man anders als das bisher Bekannte auftritt, bekommt man zweifellos Aufmerksamkeit. Wenn das andere nur anders ist, nichts weiter, wird das Verfallsdatum der Aufmerksamkeit sehr kurz sein. Ist das andere aber ein Mehrwertprodukt, bietet es einen besonderen Materialnutzen, eine besondere Verarbeitungsqualität, ein besonderes Design ist der Moment der Akzeptanz nahe, die ehrliche Basis, auf der sich der Konsument ernst genommen fühlt, sich mit der Marke und dem Produkt auseinandersetzt. Die Marke an sich bietet etwas wirklich Interessantes, Außerordentliches. Die Marke bruno banani geht weiter. Sie ist Wertewandler. Der Konsument stellt diese spektakuläre Wirklichkeit fest und das bisherige Angebotssortiment in Frage. Dann gibt es etwas wirklich Neues, das alles Bisherige in einem entsprechend neuen Licht erscheinen lässt. Die intelligente Kommunikation für den Wertewandler bruno banani inszeniert ihn genau so. Schnallen Sie sich schon mal an. Fasten seatbelts.

Zielgruppe

humorvoll anders markenorientiert kulturorientiert
trendig körperbewusst sportiv zeitgeistig souverän
young minded designorientiert anspruchsvoll

Neue Kommunikation für neue Unterwäsche, Courage und zielsichere Entschlossenheit.

Forciert durch die Lizenzstrategie und der damit verbundenen Verbreiterung der brand base war und ist wichtig, die Marke zügig zu etablieren, und die Einmischung- oder Dialogstrategie so lange fortzusetzen, bis man als Designermarke fest verankert ist. Das wird noch Jahre dauern und wird nie vollständig abgeschlossen sein.

Dass der Weg das Ziel ist, hat in diesem Fall Wurzel-Bedeutung. Um aus dem Kern oder der Wurzel der Marke eine allen Winden trotzende Pflanze erwachsen zu lassen, muss man einen hohen Bekanntheitsgrad aufbauen, der dafür sorgt, dass du als Marke – wie deine Produkte – ein Mehrwertkandidat bist. In wirtschaftlich stürmischen Zeiten hast du dann die Chance, vom Fenster nicht weggeweht zu werden oder dich hernach im irgendwo der unendlichen Weiten des universalen Kosmos auf irgendeinem Meteoriten wiederentdecken zu müssen. Also fern von dort, wo du sein wolltest. In solchen Phasen setzt der Markt auf die Kraft, die nur Marken haben, auf ihre Attraktivität, Popularität und damit auf die Ausstrahlung von Lösungskompetenz. Auf jedes Risiko, auf Nicht-Marken oder nette Lieferanten, wird dann möglichst verzichtet. Denn dann ist nur noch Nachbars Goldfisch nett. Im Zuge der Bekanntheitsgraderhöhung zielt bruno banani natürlich auch auf

Markenkern bruno banani

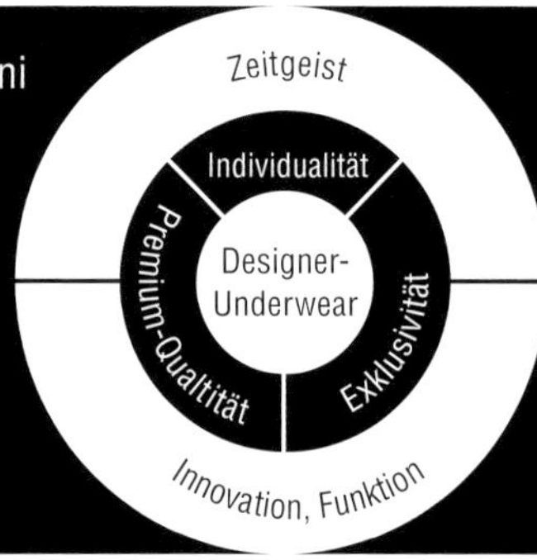

eine ausgedehnte Intensiv-Sensibilität für Designer-Underwear. Sich nur auf bestehende Designsympathisanten zu verlassen wäre sträflich. Die Gruppe muss an den Küsten anderer Zielgruppen zusätzliche Kundschaft gewinnen. Der Massenmarkt beispielsweise darf dabei nicht unverschont bleiben; mindestens dessen zugängliche Anhänger müssen aus der dort allgemein eingeführten Schlüpfer-Denke herausgeholt werden. Statt angegraut, ausgebeult und formlos geht es eben auch anders. Und in dem Zusammenhang geht es selbstverständlich auch in die andere Richtung. Rein strategisch gesehen, mag die Verlockung, sich als Marke dem Massenmarkt zu öffnen, hier und da groß sein. Immerhin werden weit mehr Schlüpfer als Designer-Underwear verkauft. Wenn die Kommunikation sowie die gesamte Markenführung in diesem Fall nicht aufpasst, kann sie, vielleicht sogar ohne es zu merken, in den Markt hineingezogen und dort von den Etablierten regelrecht zermalmt werden. Wir verfügen glücklicherweise über eine vorzügliche Markenstrategie. Sie wissen: Die Persönlichkeit der Marke bruno banani vollzieht keinen Striptease vor jedem, der ihr nur einen Schein ins Höschen steckt. Ihre Musik wird immer von innen kommen und nicht nach den gerade angesagten Volksmelodien tanzen. Wild at heart und tough spielt sie ihren „Not for everybody"-Song für ihre Zielgruppe, die laut Spiegel-Outfit-Studie schon 2001 klar umrissen werden konnte ... erreicht werden Konsumenten, die unter die Rubrik Aufsteiger, Trendführer fallen ... und 70 Prozent der bruno banani-Kunden sind unter 40 Jahre alt ... Das ist die bruno banani-Kernzielgruppe, hier manifestiert sich die Marke und lebt in deren younivers: immer in deinem Universum, in deiner Welt. Wie du auch bist, du bist du, in deinem Sein, du lebst dein De-Sign, in dem

du begleitet und bekleidet wirst, global, umfassend, zu schön, um rar zu sein. Es wird kein Design um des vermarktbaren Effektes willen geben. Der Spagat zwischen Kommerz, Design und Innovation ist der Wunsch des Markenkerns des Unternehmens, wenn es sagt und meint: Bitte nicht knicken!

Die Bestätigung. Die Spiegel-Outfitstudie tritt den Beweis an.[7]

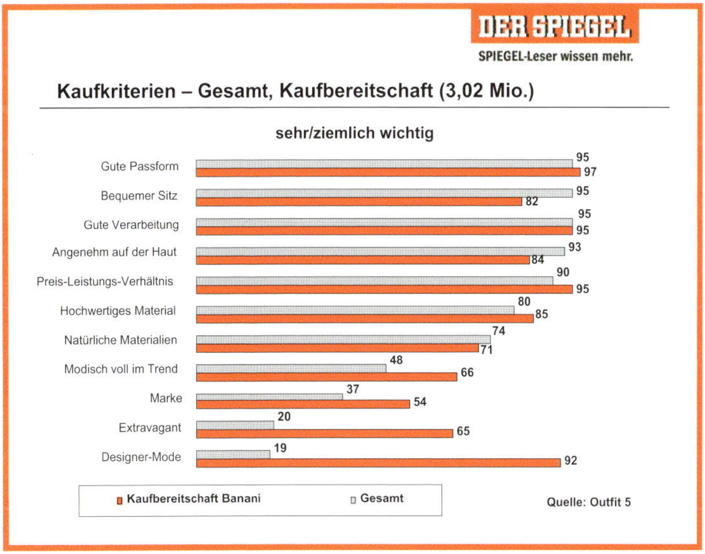

[7]Vgl. Der Spiegel: Die Studie Outfit 5, November 2001

Wettbewerbsumfeld Damen

DER SPIEGEL

Markenbekanntheit Gesamt

Frauen, 14-64 Jahre = 100 Prozent

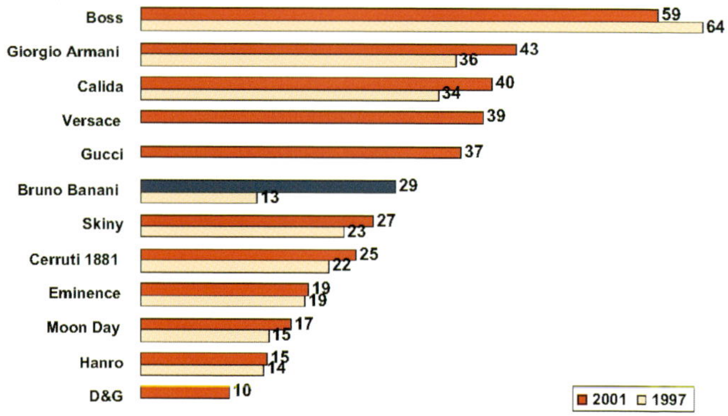

Definition

DER SPIEGEL

BRUNO BANANI in den Sozialen Milieus

Frauen, 14-64 Jahre

Etablierte Anteil 19 % der Besitzerinnen	Das selbstbewusste Establishment: Erfolgs-Ethik, Machbarkeitsdenken und ausgeprägte Exklusivitätsansprüche
Experimentalisten Anteil 17 % der Besitzerinnen	Die extrem individualistische neue Bohème: Ungehinderte Spontaneität, Leben in Widersprüchen, Selbstverständnis als Lifestyle-Avantgarde
Hedonisten Anteil 12 % der Besitzerinnen	Die Spaßorientierte moderne Unterschicht/untere Mittelschicht: Verweigerung von Konventionen und Verhaltenserwartungen der Leistungsgesellschaft

Wettbewerbsumfeld Herren

DER SPIEGEL

Markenbekanntheit Gesamt

Männer, 14-64 Jahre = 100 Prozent

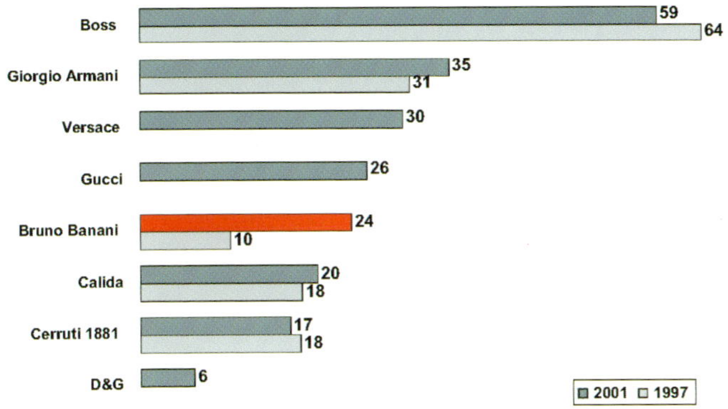

Definition

DER SPIEGEL

BRUNO BANANI in den Sozialen Milieus

Männer, 14-64 Jahre

Experimentalisten Anteil 16 % der Besitzer	Die extrem individualistische neue Bohème: Ungehinderte Spontanität, Leben in Widersprüchen, Selbstverständnis als Lifestyle-Avantgarde
Moderne Performer Anteil 15 % der Besitzer	Die junge, unkonventionelle Leistungselite: intensives Leben - beruflich und privat, Multi-Optionalität, Flexibilität und Multimedia-Begeisterung
Postmaterielle Anteil 12 % der Besitzer	Das aufgeklärte Nach-68er-Milieu: Postmaterielle Werte, Globalisierungskritik und intellektuelle Interessen

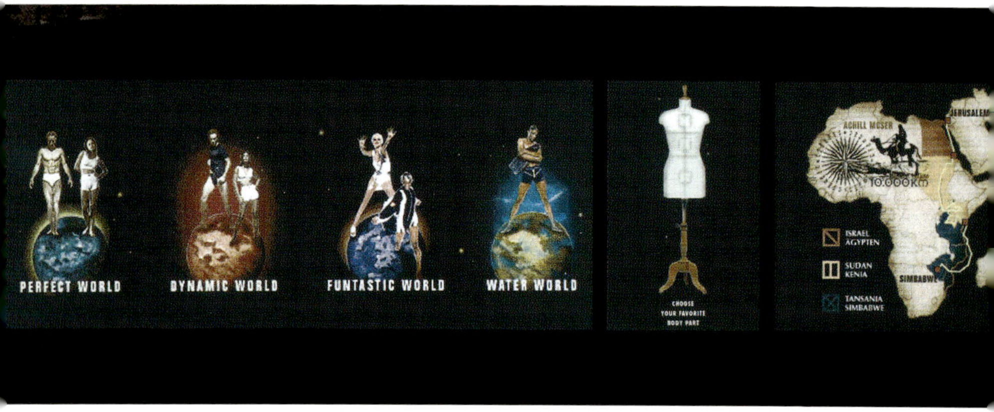

www.brunobanani.com – der erste deutsche Wäschehersteller im Internet (1996)

bruno banani im Internet.

Vor bruno banani gab es keinen anderen Wäschehersteller im Internet. Als die Marke 1996 ins globale Dorf einzog, unternahm die Kommunikationsagentur plenum Stoll & Fischbach nur den konsequenten Schritt, das heute nicht mehr weg zu denkende Medium der kosmopolitischen Veranlagung bruno bananis anheim zu stellen. Wer Weltbürger ist, kann nicht hinterm Mond leben. Wer Weltbürger ist, muss für die Welt on screen sein. Der multimediale Erfahrungsschatz von plenum stoll & fischbach Communication war für uns ein Glücksfall. Mit den Potenzialen des Mediums arbeitete die Agentur schon jahrelang und bereitete mit diesem umfassenden Wissen den Netzzugang vor. Ziel war es, von der ersten Minute an die hohe Produkt-Professionalität der Marke online zu adaptieren. Allein die Tatsache, dass man als erster in der Branche das Tor zum Netz öffnete, hätte genügt, um jede Menge Aufmerksamkeit zu bekommen. Aber darüber hinaus noch einen Cyberauftritt hinzulegen, dessen Perfektion bei Neidern unreine Haut verursachte und Besuchern ein wahres Surfparadies bescherte, das war der digitale Turbo, der bruno banani auf dem Info-Highway zum Bahnbrecher machte.

Die Internet-Präsenz bruno bananis sollte damals eigentlich nur als weiterer Marketingbaustein im Kommunikations-Mix integriert werden. Es hat weit

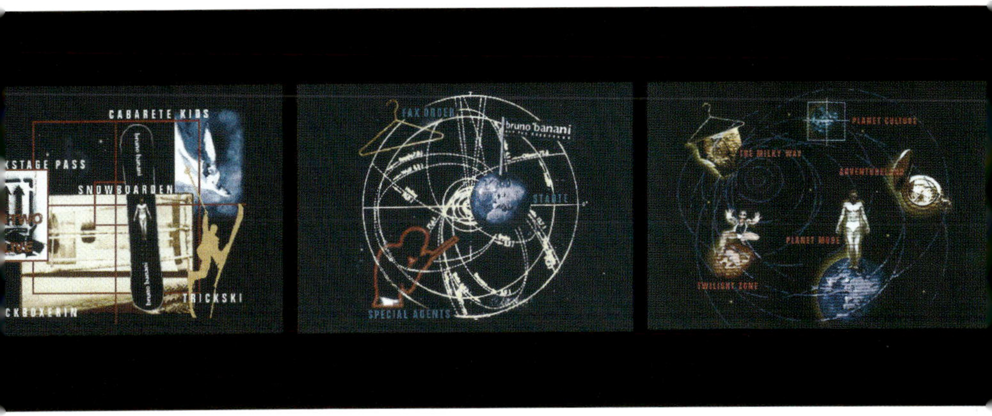

mehr bewirkt, wie sich in der Folge zeigen sollte: Das von plenum stoll & fischbach Communication erarbeitete Marketingkonzept mit seinem ungewöhnlichen, immer überraschenden, neuen Vorgehen kam selbst zu kultartigem Status.

Offenbar wurde, dass sich die Vermarktung vom Baumeister der Marke zum unverzichtbaren Lebensmittel des Markenkerns entwickelte. Ein Ergebnis, das nur aufgrund nächster Nähe und Konsequenz erreicht werden konnte und aus der finalen gedanklichen und operativen Verschmelzung von Produkt und Marketing. Wenn ein Fußballverein (das Produkt) die Champions League gewinnt, erreicht er dies nur vordergründig durch die größte Anzahl an Punkten. Er erreicht es, weil alle Beteiligten im gesamten Umfeld ihr spezifisches Role-Playing verstehen und ein geradezu halsstarrig zielorientiertes Selffulfillment übernehmen. Die Fans sind begeistert, huldigen den Stars auf dem Rasen bzw. dem Produkt, das dann ungefähr so begehrt wird wie Strom, wenn er ausgerechnet in dem Moment ausfällt, wenn Sie auf dem OP-Tisch liegen, Ihre Herztöne ausbleiben und gerade jetzt einen ordentlichen Stoß bräuchten.

Wir setzten bruno banani als echte Fest-Platte ins Info-Off. Und zur Darstellung einer Marke, die sich in Ihr Leben einloggt und die Interaktion sucht. Viele sehen nach wie vor im Internet eine reine Sendestation von Informationen, die möglichst wenig abgestimmt ist auf die Zielgruppe, die Hauptsache ist: wir sind drin. Dass dann auch noch Kompliziertes gesendet wird und oft monatelang dasselbe, ist anscheinend egal.

Unvorstellbar, jeden Abend dieselben Nachrichten und Wetteraussichten im Fernsehen, die immer gleichen Soaps und „Hilfe, ich dusche nackt"-Nachmittagstalks. TV und WWW sind nicht vergleichbar?

Stimmt, doch sie werden immer vergleichbarer. Wer, wie wir, von Anfang an, als die Öffentlichkeit erst so nach und nach lernte, durch den Cyberspace zu surfen, sich optimal und als Sende- und Empfängerstation entsprechend dialogaktiv online brachte, brauchte kurze Zeit später, als die Öffentlichkeit schon ganz genau wusste, wie man Einlass bekam, nicht mehr hektisch aufzuholen.

Und Aufholen ist immer teurer, zeitaufwändiger und überhaupt einfach bäh gegenüber dem sofortigen richtigen Start, der immer mehr Geschwindigkeit aufnimmt, die schon durch leichtes Berühren des Gaspedals gehalten werden kann. Während andere es jeden Seitenblick entsagend verbissen malträtieren, um wenigstens halbwegs Schritt zu halten, anstatt längst lebhafte Interaktion mit den Usern im Rahmen einer super Präsenz zu betreiben, um das Medium professionell zu nutzen, als erstklassiges Tool zur Kundenbindung, Erfolgs- und Resonanzmessung, sind sie längst überholt worden.

World Wide Hip im World Wide Web.

Etliche Millionen Menschen rund um den Erdball haben heute Zugang zum Internet, benutzen Netz und dots so selbstverständlich wie Messer und Gabel. Noch vor wenigen Jahren aßen die meisten von ihnen noch mit den Händen, doch wie schnelllebig die Zeit geworden ist, zeigte sich auch am besten an der rasanten Kolonisation des neuen Onlinetums. bruno banani legte darin außerirdisch los, präsentierte ein ganzes Universe, in dem Planeten und andere Weltgebäude zweisprachig durch den Kosmos der Marke schwirrten.

Etwa der Planet Mode, Heimat beispielsweise der den Markenkern begründenden Underwear-Serien „Perfect", „Dynamic" und „Funtastic". Die Waterworld ließ die Swimwear-Kollektionen auftauchen, in der Twilight-Zone konnte man lockerem Szene-Geflüster lauschen und auf dem Planet Culture flogen einem Hintergrund-Infos wie Kometen um die Ohren; von den vielen Storys der Sponsoring-Aktivitäten bis hin zu den Tourneedaten der vom Unternehmen unterstützten Hip Jazz-Gruppe „Tab Two".

Ansonsten konnten die User bruno banani unplugged zurufen, was sie sich von der Marke wünschen oder erwarten würden. Waschmittel, die Kanzlerkandidatur, Zahnpasta, ein Buch über die Erfolgsstory der Marke, Bettwäsche mit demselben Body-Petting-Effekt wie ihn die Underwear bietet, Ferngläser für die Nachbarschaft, etc. etc. Wenn ich begehre, gut finde, sympathisiere, suche ich Nähe, will ich den Austausch, will ich Teil haben und werden, eine Beziehung haben und führen.

Die Marke tut sehr viel für dieses Verhältnis. Am 30. und 31. Juli 1999 zum Beispiel. An dem Tag übertrug bruno banani live im Internet, direkt und in Echtzeit von der Kölner Messe „Herrenmodewoche" seine spektakuläre Modenschau, die das gesamte Produktspektrum zeigte: ein damals einzigartig innovativer Vorgang.

Von 1996 bis ins Jahr 2000 war das bruno banani-Universe die digitale Ebene, auf der man sich rund um den Erdball zu jeder Tages- und Nachtzeit die Sicherheit holen konnte, dass einen die Marke nicht alleine lässt; nirgendwo, nie.

Mit dem Sponsoring des Model-Contests „Face of the web 2000" war die Gelegenheit ideal, den neuen Internetauftritt zu präsentieren; insbesondere die Entwicklung der Marke und die Vielzahl an Lizenznehmern verlangten einen Relaunch. Zu den Basics waren Uhren, Menswear, Brillen, Strümpfe und auch „The new bruno banani fragrance" gekommen.

Im Duftbereich wurde zur Markteinführung des neuen Odeurs übrigens mehr als nur der Flacon vorgestellt, es wurde auch eine E-Mail-PhotoMessage-Funktion mit eingebaut. Nicht in den Flacon, ins Internet. Ein Sony Notebook mit integrierter Digitalkamera stand als technisches Pendant im fachlichen Dufthandel und ermöglichte es den Kunden, über diese Verbindung sich erst fotografieren zu lassen, um das Bild anschließend durch die Datenkanäle an

Freunde und Bekannte zu schicken. Man konnte es auch an Unfreunde und Unbekannte schicken, das war natürlich jedem selbst überlassen.

Auch der neu geschaffene bruno banani-shop bietet nun alle Freiheiten für Einkaufsbummler. Einfach, komfortabel und sicher wie in einem Zeugenschutzprogramm surft der User von hier nach da, sieht sich einige Videospots sowie das internationale Händlerverzeichnis an, informiert sich noch über laufende bruno banani-Projekte, bevor er gleich, irgendwann zu Bett gehen wird, zuvor aber vielleicht doch noch mal schnell die aktuellen Kollektionen unter die Lupe nimmt, obwohl der Schatz schon zum zehnten Mal nach ihm brüllte, jetzt immer bereiter, sich nun wirklich auszuloggen, Schluss zu machen, endgültig für heute, bestimmt, just, in zwei Minuten, nur noch mal die News. Ja doch ...

Vertrieb mit Globalkolorit.

Alles, aber auch alles war vom ersten Tag an so angelegt, dass der Vertrieb professionell internationalisieren konnte, sobald die Zeit dazu reif und die Chance da war. Die Marke sollte sich nicht möglichst schnell aus dem deutschen Staub machen, sie verstand sich einfach nie anders als unbegrenzt. Der deutsche Markt zählt auch heute noch zu den wichtigsten, woran sich auch nichts ändern wird. Man kann nur nicht anders sein, wenn man nichts anderes kennen gelernt hat, als sich selbst und seine direkte Umgebung.

Man kann nicht Neues erfinden, wenn man nichts Neues erlebt. Das Internet und die Globalisierung der Märkte geben den Werdegang derjenigen vor, die ihre Pläne und Perspektiven nicht neben Zollschranken begraben haben. Für den Markenkern unsere Marke ist internationale Präsenz ein wichtiges nahrungsergänzendes Mittel. Die Ingredienzien sind die Erfahrung und das Wissen um Marktstrukturen, Marktmechanismen und Lebensformen auf anderen Kontinenten und deren Ländern. Daraus zieht die Marke Ballaststoffe, die Bedeutendes von Unbedeutendem trennen, Vitamine, die unentwegt vitalisieren, und Brennwerte, die tag- und nachtaktiv nach vorne stürmen lassen.

スポーティさを強調した下着
若々しいデザインが人気

下着市場は現在不調である。その中でデザイナーファッションあるいは「時代の流れ」を追っているブランドだけが売上げを伸ばしている。アメリカで言えば、Calvin Kleinが上質で、ぴったりと体に合う簡素なモデルを何種類か限定して出して成功した。ドイツでは衣料品メーカーのJoopが同様の下着を出している。これは、伝統的な下着は流行遅れだと感じている若い層のために、「若々しい下着」と銘打って発売された。

旧東ドイツの下着メーカーTrikotex社は、イタリア的響きをもつBruno Bananiに社名を変更した後、若々しい、デザインに焦点を当てた下着コレクションを売り出した。これがドイツ市場で話題となっている。最初は男性用下着に絞っていたが、多くの女性がこの下着を利用していることが分かり、その後婦人用も特別に発売し始めた。同コレクションは量産品との差別化を図っており、一定の高級感を維持することを目指している。この方針は生産量を限定していることにも表れており、また収集家用の下着限定販売などの動きもこの方針に沿ったものである。

ここに紹介するBruno Banani男性用下着コレクションの内容は「Ethno(民族調)」が半袖シャツ、ショーツ、スリップ、ボタン付きランニングシャツ、Spacerがスリップ、ミクロ繊維シャツ、Tankが半袖シャツ、スリップ、飾り縫いとパーツファスナーを付けた弾力性のあるリブ生地ショーツである。価格は25～129マルク。

品　名：男性用下着コレクション
ブランド：Bruno Banani
調査時点：95年8月
調査場所：ハンブルグ（ドイツ）

メーカーアドレス
Bruno Banani Underwear GmbH
Hofer Strase 15,
09224 Mittelbach, Germany
Tel: 0371-850332

Auszeichnung durch die japanische Außenhandelsgesellschaft Jetro

„Très chic“, befanden die modeanspruchsvollen Franzosen und ließen bruno banani in den international nicht weniger prominenten Pariser Shopping-Tempel „Lafayette“ einziehen. Und das weltbekannte Londoner Kaufhaus Harrod's will jetzt auch bruno banani.

Die Vertriebstrategie für unsere Marke beginnt in Deutschland, geht über nach Europa und, wenn die Begehrlichkeiten nicht zu stoppen sind, in die ganze Welt: zum Beispiel ins Herz von Kapstadt und Sydney. Immer bruno banani-typisch mit Trend-Events und anschließend überfüllten Pressekonferenzen, bei denen die Journalisten erst den „Häh!“-Blick, dann den „Wow“-Blick aufsetzten.

bruno banani ist international. Aber bevor zum Sprung angesetzt wird, klärt die Marke das designorientierte Marktpotenzial. Dazu wird der Lifestyle des jeweiligen Landes unter die Lupe genommen, die vorherrschenden Trends, die Wettbewerber, die Abläufe im Marketing, die Kraft und Kompetenz des Vertriebs sowie die Qualität der Fachhändlerstrukturen. Mehr oder weniger ist es das. Werden gute Antworten gefunden, werden gute Geschäfte gemacht. So wird man zum Welt-Wirtschaftswunder.

Creations Lingerie, 05/2001 – De Telegraf, 11.04.1998 – EUROTOPS, 02.04.1998 –
Hosiery Report, 05.05.1998 – Journal du Textile, 08.06.1998 – TextielVisie, 17.07.1999 – Textil, 06/1998

[Br]uno Banani tests underwear in Outer Space for the first time

[...]by the Igedo Company in [...] Riedel & Tietz Textil [...] Limbach-Oberfrohna, [...]nderwear GmbH, [...]e ultimative mission [...]nderwear in Outer [...]egins on May 15 [...] Progress rocket [...] Bruno Banani [...]llecion "Your [...] space sta-[...]ssion is to [...]r with the [...]With this, [...]

ahead.

After signing the contract on 31.3.1998, the VRS GmbH Verkehr Raumfahrt Systemtechnik in Leipzig will be responsible for organization and technical administration in alignment with the Russian space authorities.

Omnipresent Igedo Company With Igedo Company's help Bruno Banani tests Underwear In Space for the First Time

The Igedo Company and fabric sup-[...]plier Riedel & Tietz are lending their sup-[...] [...] campaign on Bruno [...]

where Banani has exh[...] brand came into existen[...]

The sponsoring of the [...] clearly shows how committ[...] Company is to future-orient[...] its customers and how supp[...] in implementing these [...] Internationalisation and Globalis[...] of capital importance to Igedo. [...] ing the borders-Igedo goes univ[...] The firm will be the first trade fair [...] pany with the its logo visible in spa[...]

At the press conference which [...] be held on July 20, 1998 on the o[...] sion of Igedo Dessous & Beach f[...] August 2-4, 1998 a live link will be [...] [...]onauts on the MIR sp[...] [...] live pictures [...]ani underwea[...] [...] more, the un[...] collaboration [...] highlights one t[...]

Bruno Banani: nu ook badmode voor vrouwen

Daar is-ie dan. De eerste badmodelijn voor vrou-[...]wen van *Bruno Banani*. Het designmerk start [...]t zeven trendy en opvallende badcollecties. [...]ollectie is verkrijgbaar in een zogenaamde [...] Edition: een kleine serie met een vast [...] [...]ks. [...] jazzpants en pantybroek-[...] [...]ns met verschillen-[...] [...]eren zijn: bij-[...] [...]ustier.

ACCOMPAGNÉ PAR L'IGEDO

[...]o Banani file dans l'esp[...]

[...] met en orbite avec [...] Banani. Le fa-[...] [...]ssu-[...]

apposé sur une partie [...] prochaine saison. L[...] juillet, pendant la [...] l'*Igedo Dessous* [...] [...]ison dire[...]

Bruno Banani

[...]en kent acht nieuwe thema's [...] en extravagant tot sportief, [...]a's, mini's, boxers, shorts en [...]e V-shirts. Colorblocking en [...]lectie een aparte uitstraling. [...] nieuwe series, variërend van [...] sportief en klassiek eleg[...]

Informatie: 0251-[...]

„Ein vorbildliches europäisches Produkt." Die japanische Außenhandelsgesellschaft Jetro zeichnete das Unternehmen aus Mittelbach mit dieser Empfehlung aus und nahm die Marke in ihre Internet-Anwendung auf, in die sich alle Jetro-Mitglieder einwählen können.

Besonders hob die Handelsgesellschaft die hervorragende Qualität, das zeitgemäße Design und den internationalen Auftritt hervor. Eine unheimlich nette Begegnung mit der japanischen Handelsart. 1998 kam bruno banani auf seiner Weltreise auch in den Niederlanden vorbei und überzeugte sich davon, dass die Oranjes nicht ständig mit ihren Wohnwägen unterwegs sind oder Tulpen anbauen. Sie waren zu Hause und holländerten, also: sie holten sich das aufregende Land bruno bananis und sie erfreuen sich seither daran, jeder Adam, jede Madame, in Rotterdam wie Amsterdam.

Weltläufig ging's weiter nach England. Read my lips and schlacker mit the big Ohren: England heißt ja nicht England, weil, wie man vielleicht meinen könnte, es dort allerorts eng zugehen würde, überall verstopfte Straßen gäbe, die Menschen sich nur einzeln in den Zimmer ihrer Häuser aufhalten könnten oder weil sie fußballerische Auseinandersetzungen mit uns Deutschen immer so eng sehen. Engstirnig, no, alles, nur das sind die Briten nicht, weder before noch after eight. England, so lässt sich wenigstens vermuten, leitet sich von Engagement ab. It´s really great! Wenn die Engländer mal einen Narren an dir gefressen haben, spucken sie dich nicht mehr aus, dann nehmen sie dich zur Brust, natürlich englisch, natürlich engagiert, eng anliegend.

Bestimmt haben Sie sich schon gefragt, wo die skandinavischen Länder bleiben. Seit dem Jahr 2000 haben die Nordlichter ihren Schein auf bruno banani geworfen und waren von Stund an wie früher, entdeckten ihr Wikingerblut, machten sich auf die Reise – und was die haben wollen, gibt man ihnen besser. Wir nahmen uns im Gegenzug ein deutliches Exportplus.

Und da man schon im Norden war, schaute die Marke auf Sylt vorbei und eröffnete zwei Jahre später den ersten Shop.

Sehr interessante Märkte zeichnen sich im Nahen Osten ab, Spanien und Portugal sind das sowieso schon immer und bruno banani deswegen seit 1999 auch dort.

Neben all den vielen und intensiven internationalen Aktivitäten baut bruno banani seinen Stammmarkt Deutschland konsequent aus, als Nest, aus dem ständig ausgeflogen wird, mit immer neuen Zielen, immer währendem Hunger auf neue Inspiration. Einen Appetitzügler, der daran je etwas ändern könnte, wird es nie geben.

2002 erreichte der Exportanteil eine Größenordnung von nahezu 20 Prozent in den bruno banani countries: Bulgarien, Norwegen, Frankreich, Ungarn, Ukraine, Tschechien, Dänemark, Schweden, Niederlande, Großbritannien, Griechenland, Russland, Schweiz, Österreich sowie Südafrika und Australien. Der Run beginnt mit Designer-Underwear, oft zusammen mit Fragrances. Die anderen Lizenzprodukte folgen auf dem Fuße und fassen denselben bis heute auf den ausländischen Absatzgebieten.

Ausschlaggebend dafür ist sicherlich die Bündelung der Vertriebspower, in der das gesamte bruno banani Produktspektrum von ausgesuchten Importeuren präsentiert und in die einzelnen Märkte gepusht wird. Und jeder Push will ganz genau geplant sein. Je konzentrierter man die Zielgruppen angeht, je gebündelter man die Markteting-Power einsetzt, desto erfolgreicher ist man. Ein gezielter Schlag kann oft mehr erreichen als viele kleine Wischer. Das lehren uns asiatische Meister der Kampfkunst seit Jahrhunderten – warum sollte man diese Weisheiten nicht einfach übertragen? Der zentrale Schlag, die wichtigste Plattform gegenüber dem Handel ist für unser Unternehmen das Messe-Marketing, und zwar konzentriertes Messe-Marketing. Nicht auf allen Messen – hier zählt wieder der gezielte Schlag. Das bedeutet: wir sind immer dort, wo der Bär los ist – auf besonders ausgewählten Messen. Das ist die Regel Nummer eins. So gehört seit 2001 auch die angesehene „Salon Internationale de la Lingerie“ in Paris dazu. Für den Aufbau neuer Ländermärkte ist die Teilnahme an Messen nach wie vor von zentraler Bedeutung. Regel Nummer zwei: Wer was zu sagen hat, muss auch trommeln. Die beste Art aufzufallen und im Gewimmel der Marken hervorzustechen ist, sprach- und bildgewaltige Multiplikatoren zu nutzen: die Medien.

Dafür hat bruno banani den Leitzsatz „Verwöhn‘ die Presse auf der Messe“, verdichtet auf die einfache Formel:

MESSE =

PRESSE

Nur wenn ein Messeauftritt seine Resonanz in den Medien findet, war er erfolgreich. Dazu braucht es hier und da ein Leckerli für die Journalisten. So ist es nicht weit vom Messemarketing zum Eventmarketing. Für bruno banani bedeutet das TV-Liveberichterstattung vom Messestand auf allen Kanälen, Präsentation der Innovationen und Aktionen auf Pressekonferenzen am Messestand.

Die angenehme Nebenerscheinung: Je attraktiver unser Stand für die Medien, desto höher ist die Anziehungskraft für unsere Kunden und potenzielle Neukunden. Aber nicht nach dem allgemein üblichen Motto „Je teurer, desto attraktiver", denn am Schluss zählen die Inhalte und nicht die Bühne, die für sie geschaffen wurde. Die Events und Aktionen sind der Lockstoff und die Grundlage für Anbahnungsgespräche und Kundenbindungsmaßnahmen. Am besten geben wir Ihnen ein kleines luftiges Beispiel aus der Welt des Messemarketings by bruno banani. Zur Präsentation der Kollektion Air Active luden wir zur Pressekonferenz. Und zwar nicht zum Frontalunterricht mit kleiner Fashion-Show als Beigabe, sondern wir trafen die Journalisten an unserem Messestand und führten sie sogleich durch die Gänge ins Freie. Das führte zu Verwirrung Nummer eins. Verwirrung Nummer zwei: Vor der Halle fanden die Journalisten nichts, worüber sie schreiben konnten. Aber dann: Ein Flugzeug kreiste über der Messe. Und die Fashionshow begann mit einem Absprung über dem Pressecenter der Messe, als unsere Models im freien Fall in die Tiefe stürzten. Die Fallschirme öffneten sich und zielgenau landete Air Active exakt zwischen den Journalisten. Die Resonanz in den Medien war riesig: die erste Fashion-Show im freien Fall, ein Renner in den Medien.

Dass wir diesen erfolgreichen Event nicht nur für die Presse nutzen würden, werden Sie sich wahrscheinlich schon gedacht haben, so gut kennen Sie uns jetzt schon. Natürlich wurde der Sprung via Helmkamera auf Videomagnetbänder gebannt. Die Vereinigung am Himmel, die Verbindung von Mann und Frau in der totalen Freiheit des freien Falls brachte das Rendezvous am Himmel direkt am POS und viel Aufmerksamkeit für Air Active.

Knowing home, being international, coming up.

bruno banani ist ein international deutsches Unternehmen. Was soll das heißen? Das heißt, dass unser Unternehmen international denkt, ein international angelegtes Image hat, international vermarktet wird, aber die Fäden in Deutschland zusammenlaufen und auch entstehen.

In aller Welt stünden die Türen sperrangelweit offen, die Foyers und Frisuren der Geschäftsführer von Produktionsfirmen würden auf Hochglanz gebracht und die Fabrikationshallen wie bei Nationalfeiertagen herausgeputzt werden, wenn bruno banani käme. Doch die Marke handelt auch in der Standortfrage so konsequent, wie sie das in allen Facetten ihres Produkt- und Marketinglebens der Fall tut. Eine Marke ist und bleibt ein Baby und das gibt man nicht in andere Hände, die darauf aufpassen sollen, was sie sicherlich auch gut machen würden, aber dennoch will man sein Baby selbst hegen und pflegen, immer in der Nähe sein, möglichst keinen Augenblick aus den Augen lassen. Deshalb ist uns der Standort Deutschland so wichtig. Darum sagen wir Ja zum Standort Deutschland.

Grundsteinlegung zur neuen Produktionsstätte (1998)

Ja zum Know-how der Mitarbeiter hier. Ja zu den Wurzeln. Ja zum Siegeszug, der von hier wie ein Lauffeuer startete. Ja zu Never change a Volldampf-Team. Ja zu Ideen made in Germany. Ja zum noch größeren Unterschied, der sich von hier bewerkstelligen lässt. Ja zu nahe liegenden Zulieferern und Partnern. Ja zur Central Europe-Lage. Und Ja zu Chemnitz.

Dort baute das Unternehmen seine neue Heimat, nachdem man in der Fertigungsstätte in Mittelbach, wo alles begann, an die Decke stieß. Arbeiten Sie mal ständig mit eingezogenem Kopf, das wird mit der Zeit ziemlich lästig, insbesondere wenn man den Kopf ausstrecken will, um immer neue Horizonte zu entdecken.

Die Perfactory in Chemnitz

Die Perfactory.

Das gemeinsam mit der Öffentlichkeit gefeierte Richtfest des nach modernsten Richtlinien erbauten Domizils auf circa 9.000 Quadratmetern Grund fand im Juli 1998 statt. Nach Fertigstellung im Jahre 1999 verfügte die Region über zahlreiche neue Arbeitsplätze und wir über 3.300 Quadratmeter zusätzliche Produktionsfläche, zweieinhalbmal so viel wie bisher. Ein Raum, dessen Ausstattung die Herstellung höchster Verarbeitungsqualitäten langfristig sichert und die Fertigung nach fortschrittlichen Workflow by Wonderwork-Prinzipien steuert.

Es ist auch ein Raum, der bei Kapazitätsbedarf flexibel erweitert werden kann, man will und denkt ja weiter. Dazu ist selbstverständlich auch die Anbindung des Werks an die verkehrstechnische Infrastruktur gegeben, was ein sofortiges Ausschwärmen erlaubt. Das Investitionsvolumen umfasste rund 5 Millionen Euro.

In puncto Architektur stellte sich die Frage: Welche Bauform wird einer Marke gerecht, die sich wie im Rausch zur Marktführerschaft und Hochkultur in ihrem Marktsegment katapultierte, die bei dynamischstem Success-Surfing binnen weniger Jahre 1 Million Kollektionsteile verteilte, deren Design in beeindruckend neuer, innovativer und stilvoller Sinnvolligkeit neben Underwear Sonnenbrillen, Uhren, Strümpfe, Shirts, Jeans und Casual Wear erfasst, die „Not for everybody" sagt, die Love & Spirit im Kultpaket ist, Design- und Innovationsmathematik lehrt, eine nie versiegende Lichtkaskade in dem Markt ist, in dem sich auf das Besondere geschärfte Augen richten?

Wie eine Wellness-Oase für Karriere-Jumper? Wie ein von Stacheldraht umsäumtes Militärcamp? Wie ein unscheinbares Bürohaus, hinter dessen Gemäuer man die Herstellung von Desinfektionsmittel vermuten würde, als Banalburg und in ewig zementierte Erinnerung daran, dass aus eigentlich Unscheinbarem wie Unterwäsche etwas sehr Scharfes werden konnte? Oder wie eine Pilgerstätte?

Von dem jungen Architekten Frank Überschär erhielten wir eine futuristische Architektur, die strenge Linien und Minimalismus mit funktionalem High Tech verbindet und durch große Glasflächen hereinströmendes Licht die Klarheit zur spürbaren Hausordnung werden lässt. Ein Ort der Zukunft und Transparenz. Gleichzeitig ein Zuhause, in dem das Wesentliche vermittelt wird. Hier kann sich der Rhythm & Blues für den Dance of Success entfalten. Das ist wichtig! Eine Marke kommt nicht nach Hause, wirft alles in die Ecke, bringt noch schnell den Müll raus und hängt dann auf dem Sofa ab. Eine Marke kommt nach Hause und rockt. Yeah!

Wenn Sie einen Lieblingssong haben, wissen Sie, was wir meinen. Wenn Sie ihn hören, wackeln die Pobacken oder Sie schwelgen dahin, wie auch immer, Sie fühlen sich gut, kräftig, in der Lage, alles möglich zu machen. Wenn Sie sich genauso fühlen, wenn Sie daheim die Tür aufmachen, fühlen Sie sich wie bruno banani in der Perfactory.

Home, beat home.

Kapitel 4. **Die Instru**

nte und die Ideen.

Plädoyer für das Spektakel.

Eine Marke muss man hochleben lassen, wie eine Fahne hochhalten und alles, wofür sie steht, zelebrieren.

Intelligente Kommunikation
Maßnahmenmix

Klass. Werbung	Events	New PR	Sponsoring	Neue Medien
Die Marke und ihr Auftritt	Die Marke erleben	bruno banani in aller Munde	bruno banani in Action	bruno banani im WorldWideWeb

Ideen haben die Eigenart, plötzlich aufzutauchen. Sie sind singulär und deshalb sind sie auch genial. Alles, womit sich bruno banani seit Jahren in die Öffentlichkeit katapultiert, ist ebenso singulär und folglich genial. Heiß serviert, wird das pralle Leben auf den Leib gedacht. Doch nur dem äußeren Anschein nach lebt die Kommunikation, lebt das Marketing von singulären, spektakulär-genialen Ideen. Sie sind die Toppits, nicht das Fundament. Sie sind die Lust, nicht das Zentrum. In dem steht das integrierte Kommunikationskonzept als Einsatzkoordinator aller seiner Bestandteile. Keines der einzelnen Kommunikationsinstrumente funktioniert dabei losgelöst von dem oder den jeweils anderen. Ein Spitzen-Home-run ist schließlich das Ergebnis der Mitwirkung des ganzen Teams. Erfolg ist darum immer eine durchaus mit humanistischen Partnerschaften vergleichbare Beziehungsangelegenheit. Wie auf jedem Relationship gibt es Differenzen, Harmonie und Leute, die ständig dazwischen quatschen. Auch das meinen wir, wenn wir immer wieder von einer lebendigen Marke sprechen. Denn: Die Aufgabe der Beziehungs-Käpt'ns ist es, nicht nur Kurs zu halten, sondern die Energie des Teams zu bündeln, die Potenziale der Einzelkräfte zu kennen und im richtigen Moment als synergieeffektive Ergänzung zur vorgeschalteten, parallel laufenden oder folgenden Maßnahme einzusetzen. Das ist nicht einfach. Mit anderen Worten: Delikatess-Marken verfügen über einen ausgeklügelten und intelligent verwobenen Maßnahmen-Mix.

Die klassische Werbung als grundlegendes Instrument beinhaltet die Marke und ihren Auftritt.

What you see is what you get!

Daneben bedeuten Events und Sponsoring, die Marke zu erleben.

What you feel is what you get!

New Public Relations bringen die Marke in aller Munde.

What you live is what you get!

Und über das Internet präsentiert sich bruno banani im Cyberspace.

What you byte is what you get!

bruno banani.

What you love is what you get!

Auch bruno banani will mit seiner Werbung letztlich nichts anderes sagen als: „You don't need another hero!" Um den potenziellen Konsumenten zu dieser Meinung zu bewegen, werden die Meetings zur Besprechung der jeweiligen Werbeinhalte bewusst kurzfristig angesetzt und ebenso wenig elendslang ausgedehnt. Diese Spontaneität ist ein Beitrag zum Frische-Profil der Marke. Und sie erhält sich damit den aktuellen Bezug zum Szene-Spirit.

Werbung ist eine Frage der Intelligenz.

Spartanisch, zielgruppengenau und direkt, so spricht unsere Marke mit seinen Kunden. Auf allen Kanälen brummt es nur, wenn es genau passt. Mit medien- und zeitexakt platzierten PR-Beiträgen, Events, Online-Aktivitäten, weniger mit klassischen Instrumenten, holen wir die Aufmerksamkeit der Leute ab. Ein weiterer wichtiger Schwerpunkt ist der POS der Händler, für die oft gleich kreative Verkaufsförderungspakete geschnürt werden. Denen sie immer wieder neues Startkapital für bewegende Saisons entnehmen können, damit die Regale buchstäblich spektakuleer werden. Den potenziellen Kunden genau dort ins Visier zu nehmen, wo er einkauft und das auch noch in dem Moment, da er einkauft, ist die konsequente Entwicklung des Marketings geschult durch das veränderte Verbraucherverhalten, das zeigt, dass der Kunde nicht mehr wie verbissen einer oder nur wenigen Marken zugetan ist.

Aus ehemals treuen Gefolgsleuten einer Marke sind heute sich mal so mal so entscheidende Konsumenten geworden, ständig auf dem Marken-Seitensprung. Vorentscheidungen über einen bestimmten Einkauf können zwar schon beim Durchblättern von Modejournalen fallen, die finale Verfügung wird jedoch häufig erst beim Fachhandel, am Point of Sale (POS) erlassen. Dort ausgesandte Impulse erregen den Einkaufsarm, so dass er dann mehr oder weniger intuitiv ausfährt.

Den Kunden vom Markenstreuner wieder zum Markenlover zu machen, ist ein Prozess der nach den teilweise verheerenden, branchenübergreifenden Fehlern der letzten Jahre erst langsam wieder in Gang kommt und wohl eine langwierige Umerziehung mit sich bringt. bruno bananis Methode dabei ist wegweisend. Seine klassische Werbung ist stets schwergewichtig inspiriert

Die Give-aways: Shorts zum Genießen und mehr

vom Bereich Events/Sponsoring, einem Gebiet, auf dem die Marke regelmäßig den entsprechenden Nachweis für ihre Ausnahmestellung erbringt. Die mediale Hauptrolle spielt hier das Magazin „Propaganda“, das die Verbindung von stichhaltiger Beweis-Action und Nothing-compares-to-you-Ästhetik dokumentiert.

Dies kann schließlich in vielen Umsetzungsstilen geschehen. Einzig zu beachtende Vorschrift beim ständigen Anfachen des Wind of Change your Underwear ist es, immer integer zu operieren. Ansonsten ist alles möglich, kosmisch-hot, hochgeschwindigkeits-live, Adonis-exklusiv, von üppig-perfektionistisch, Fantasy-intelligent, Essenz-attraktiv, mutig-formvollendend, optisch-zündend, Hit-prophetisch, Foto-heroisch, extrem-sportiv, Erste-Liga-aktiv, chill out-fit, über pur-prophetisch oder wie auch immer, eben nichts als die Wahrheit, die sich mit gewinnend-anregendem Charakter und Charme ans Steuer des Bedarfsflitzer schwingt, ihn zu bruno banani lenkt und aus dem Dreiecksverhältnis zwischen Körper, Produkt und Marke eine runde Sache macht. Aber mit Profil! Es geht nicht um Friede, Freude, Eierkuchen-Werbung.

Jeder weiß doch, was es heißt, auf abgefahrenen Reifen durch die Gegend zu fuhrwerken. Man schleudert leicht ins Abseits und kann dann bestraft werden. Beides kann teuer werden und das ist nur richtig so.

Nicht wundern – wundern
Your Wonderwear.
Feeling und Relaxing für Fortgeschrittene.
bruno banani
NOT FOR EVERYBODY
DIVER
REEF
GUPPY
WORLD
SOX
CASUAL
SWIMWEAR
JEANS
The soft dimension

Kommunikation pur: Zehn Jahre Propaganda

Modern talking mit dem Fachhandel.

bruno bananis Propaganda.

Die Kommunikation mit dem Fachhandel ging von Anfang an über das weit verbreitete und gewöhnliche Maß hinaus. Kollektionsprospekt plus Außendienst genügte uns nicht. Stoll & Fischbach entwickelte ein Medium, das sich budgetgemäß von der anfänglich vierseitigen, in schwarz-weiß gehaltenen Kundenzeitung zum heute aufwändigen Kundenmagazin evolutionierte. „Propaganda“ war sein Titel. Warum Propaganda? Warum ehrlich? Warum eine der ursprünglichsten Bezeichnungen für Werbung heranziehen, die nichts als zutrifft? Warum sich erst ins Wartezimmer setzen und auf ein wohlwollendes Hereinbitten lauern? Warum die Straightness der Marke hier verlassen und ein Düdeldü veranstalten?

bruno bananis Propaganda ist der informative Bewusstseinsdesigner für neue Ansichten, der die Marke wie sie ist zur Sprache bringt, ein quirliges Kaleidoskop der verschiedensten Aktivitäten aufzeigt, die Kollektionen in den Lebensraum der saisonalen Trendtime einbettet und darüber hinaus blickt, ohne zu blenden, Echtes in Echtzeit ersichtlich macht. Mit diesem Werbe-Organ pflanzten Stoll & Fischbach die Markenbotschaften bei den Einkäufern des Handels mit dem gewünschten Erfolg ein. Eine dialogaktive Ebene war geschaffen, die als Shuttle fungierte, das mit der Neugier der Zielgruppe an Bord auf dem Weg in bisher unbekannte Welten ist.

Geschichten der Propaganda.

EXKURS DURCH DIE WELT:

bruno banani reist um den Globus und die Propaganda ist die Multiplikations-Plattform.

Propagandistisches Beispiel: bruno bananis Man Mission 2001.

In besagtem Jahr ließen wir die komplette Herbst/Winter-Collection als ultranautische Schöpfungsgeschichte aufnehmen. Fotografischer Geburtshelfer war Olaf-The-Eye-Martens, in der internationalen Designerlandschaft so bewandert wie mit seiner Kamera. Zwischen Welträumen, Ziegen und einer alten Fabrikhalle nahm die Geschichte ihren Lauf. Titel: When women create men. Frauen, bzw. in diesem Fall mehr Halbgötter in weiblich, erschaffen im Auftrag von bruno banani den perfekten Mann. Kein wissenschaftlich-nüchternes Frankenstein-Projekt, das auf einer Industriemesse in perfektem Roboterdeutsch bei Berührung seinen Namen sagt und erklärt, dass so Männer aussähen, wenn man Frauen hätte konstruieren lassen. Auch war es nicht das Ziel, eine Neufassung der maskulinen Genesis zu entwerfen, festgehalten in der „Propaganda" als innovativem Testament, Gott bewahre! Adam schließlich wurde eben- und keinesfalls zu nahe getreten. Nichts dergleichen! Es war die extravagante Synthese aus aktuellen, unterschiedlichsten Kollektionsfacetten, weiblicher Intuition, kosmischer Schaffenskraft, futuristischen Phantasien und kultivierten Ritualen. Als eine kreative Hommage der Marke an beide Geschlechter, denen sie Qualität auf den Leib schneidert. Und zum noch besseren Verständnis des Denkens und Handelns der Zielgruppe. Man kann nie alles wissen, aber man muss danach forschen und man darf sich nie zufrieden geben, wenn man den Trend- und Erfolgsfaden nicht verlieren will. So präsentiert bruno banani neue, virtuose Zeitrechnungen, während andere noch über einer Formel brüten.

photo Olaf Martens **model** Winston, Time Model Agency – Katja, InMoD

Die besondere Schönheit.
Model made by bruno banani.

Keine Mode ohne Models. Keine Models ohne Mode. Natürlich hat unsere Marke hat in den letzten zehn Jahren auch Model-Geschichte geschrieben. Am Anfang stand die Frage: Wie sieht ein bruno banani Model aus? Ist es muskulös oder schlank? Welcher Typ Model passt zu uns? Ist es der Schwiegersohn oder der Traummann, ist es der Prinz auf dem weißen Schimmel oder der softe Woody-Allen-Intellektuellen-Verschnitt? Wir fanden ihn.

Entgegen dem Trend entschieden wir uns für den coolen selbstbewussten Hedonisten – und viele Marken taten es uns nach.

Ein neuer Modeltrend war geboren: männlich aber nicht heroisch, einzigartig aber nicht durchgeknallt, sportlich aber kein Muskelmaxe. Und wir gingen noch weiter. Wir gaben unserem Model eine Bühne, und zwar die wichtigste Bühne für uns, den Handel und den Endverbraucher, die Verpackung. Als erster führte bruno banani Verpackungen ein, auf denen Model und Mode gleich zeigten, was man später auf der Haut tragen würde. Wer will schon eine Katze im Sack. Sie werden jetzt sagen: „Das machen doch alle heute." Mit dem bescheidenen Stolz eines Trendsetters sagen wir Ihnen: Genau. Eine richtige Entscheidung erkennt man eben am besten daran, dass andere nachziehen.

The „perfect" Model

photo Hans Kollmer **model** Richard

Sie ist ein Model und sie sieht gut aus.

Auf dem Weg zu erwachsenen Marke bildete das Top-Modell Karolina Kurkova aus New York einen wichtigen Meilenstein. Unter dem Motto „Zwei Möpse, braune Haut, 1,80 m Höhe“ präsentierte sie unsere Herbst/Winter Damen-Kollektion 2001/2002. Fotografiert und inszeniert in New York vom Künstler und Fotopapst Arthur Elgort – „el Gott“ – enthüllte Karolina zum ersten Mal so viel Haut wie noch nie. Dabei blieben wir unserer Model-Linie auch mit einem Top-Modell zu einer fünfstelligen Gage treu. Denn wir gaben Karolina Kurkowa die richtigen Gefährten mit auf den Weg durch das Foto-shooting: zwei Möpse. Die Verbindung aus reiner Schönheit und ironischem Bruch zauberte nicht nur ein verschmitztes Lächeln auf die Gesichter unserer Kunden, sondern schuf vor allem ein zufriedenes Grinsen im Handel. Die Kollektion schlug ein wie Karolina, die einen Raum betritt, in dem 50 Männer sitzen.

Super-Model Karolina Kourkova,
zwei Möpse und
Your Perfect Underwear

photo Arthur Elgort **model** Karolina, Daniela Wagner

2.724.156.359

2.724.156.359 Kontakte in 10 Jahren.

bruno banani x Event

2.724.156.359 Kontakte in zehn Jahren. Das heißt, bruno banani traf Zweimilliardensiebenhundertvierunzwanzigmillioneneinhundertsechsundfünfzigtausenddreihundertneunundfünzig mal auf potenzielle Kunden. Eine mächtige Zahl. Aber die Rechnung ist ganz einfach. Und sie geht immer auf. Weil die Unbekannten als elementarer Bestandteil schon von Anfang an einberechnet sind. Nur wer sich und seine Marke mit dem Unbekannten multipliziert, sorgt für das richtige Ergebnis in den Medien, die dann die Potenz bilden, mit denen die Marke die Kunden trifft.

Event und Sponsoring ist die Speerspitze im Kommunikation-Mix des Unternehmens bruno banani, eben das Obst auf dem Tortenboden. Hier liefert das Kult-Label ultimative Qualitäts-Beweise und setzt sich beispiellos in Szene, in die Medienszene. Um es noch einmal deutlich zu sagen: Sensationelle Qualitätsgutachten sowie die außergewöhnliche Präsentation des Außergewöhnlichen sind der strategische Stoff, aus dem diese Maßnahme besteht. Den Begriffen Qualität und Design mit neuer Kolossalität tornadonalen Rückenwind zu geben, der sie nach vorne stürmen lässt, so dass es dem Anspruch einer wirklich neuen Designermarke wie bruno banani gerecht wird, das ist das Ziel. Funktionieren tut es dagegen nur, wenn der Rückenwind nicht in einem von 220 Völtchen angetriebenen Föhn erzeugt wird, sondern in sich selbst entsteht. Nur das Wahre powert! Für unsere Events heißt das: den Bezug zur

ublic Relations bruno banani

Ware und zur Marke ohne jeden Umweg herzustellen. Glaubwürdigkeit gibt es ausschließlich auf diesem Weg. „Oh, I see“ ist eine andere Reaktion als nur „Oh!". Zum Staunen gesellt sich das aufgehende Licht. Es gibt einen Unterschied. Nicht jener jedoch zwischen bruno banani und anderen Herstellern soll beachtet werden, denn die Strategie ist nicht, sich nur irgendwie über einen Konkurrenten zu erheben. Den Unterschied macht die neue Dimension aus, die unsere Marke für Qualität und Design geschaffen hat, die andere Auffassungen darüber ermöglicht, die andere Einblicke erlaubt, die seine einzigartige Stellung begründet. Eine Dimension, auf der Events in Tateinheit mit den im Markenkern existierenden Werten die Welt der Designermarke bruno banani zur Erlebniswelt machen. Eine Erlebniswelt, die verblüfft, überrascht, Augen öffnet, nur O-Bahnen kennt, die drastisch ist, initiativ, unbändig, weit über den Fadenschein hinaus geht, durch deren Adern Relevanz und Willen rauschen, die exorbitant ist, exemplarisch, grenzenlos.

Höschen für H

Von Cornelia Jeske

Sie waren im Weltall, im Bermuda-Dreieck und im Teilchenbeschleuniger des Forschungszentrums Jülich. Wo sie sich sonst noch

einen Markenumsatz von 27,1 Millionen Euro erwirtschaftete, kontinuierlich: „Bruno Banani" steht inzwischen nicht nur für schicke Slips, sondern auch für Schmuck und Sonnenbrillen, Uhren und Parfum - und für eine unglaubliche Erfolgsgeschichte aus dem Osten.

von Calvin Kl
Europa nicht z
man sich aus A
erklärt Jassner,
signer-Underwe
ausgemacht hat
war geboren. D
sen wurden in
haustainhalle

Das Marketing-Phänomen

ade mal fünf Jahre alt, 18 Mill. DM Umsatz – aber schon sechs Lizenzen. Das mnitzer Unternehmen Bruno Banani hat es geschafft: Vom Wäsche-Hersteller Komplettanbieter. Ein Marketing-Phänomen. Der Erfolg geht nicht zulet nnovatives Vermarktungskonzept zurück. Statt klassischer W ani auf aggressive PR, spektakuläre Events und

Blaue Mauritius der Unterhosen

Der Lieferant, der forsch das kleine Büro der alten Backsteinfabrik betritt, scheint sich aus Unterhosen wenig zu machen. „Hab' 'ne Lieferung für einen Herrn Banani", sagt er, zur Erheiterung von Wolfgang Jassner, 54. Der Boß der Dessousfirma Bruno Banani im sächsischen Dörfchen Mittelbach ist es gew mal die Einheimischen in der Regio hinter „Herrn Banani" verbirgt. hinter dem erfolgreichen Neuling gnerslipmarkt mitunter „Konkurrenz aus Italien

Der Shooting-Star der Label-Schlüpfer verdankt schrillen Namen zumindest, so Jassner,

Häuflein Hersteller ernähren. Die gesamte Dessousindustrie kränkelt. Kein Wunder: Gerade mal 23,95 Mark pro Jahr gibt der deutsche Mann für Labels unterhalb des Nabels aus. Auch bei der Durchschnitts-Frau mit einem Wäschebudget von 27 Mark, so die Statistik, scheinen verborgene Reize verpönt.

Den Siegeszug trotz allgemeiner Tristesse unterhalb der Gürtellinie verdankt Bruno Banani einer sächsisch-schwäbischen Allianz: In SED-Zeiten h Textilfabrik in Mittelbach miefigen F duziert. Nach der Wende Direktor des Staatsbetriebs 1992 getalten Betrieb.

DIE WELT, 15.12.2002 – DIE ZEIT, 09.07.1998 – Focus 44/1996 – Handelsblatt, 10.02.1997 – TextilWirtschaft, 11.02.1999 – Welt am Sonntag, 21.07.2002

henling

eiße Ware aus de

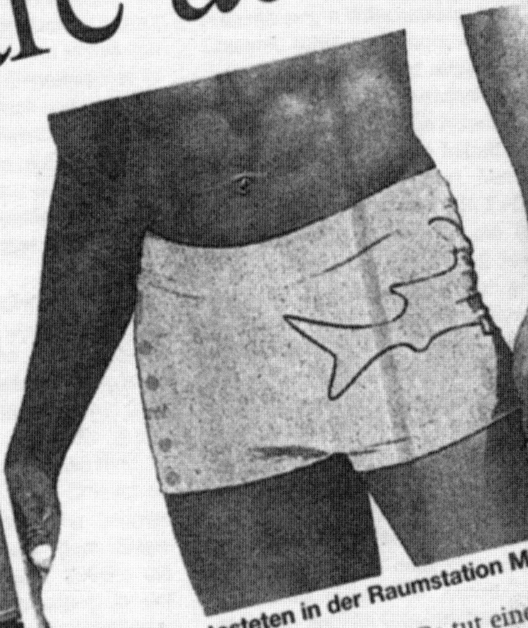

der Jassner, Banani-Model, Näherin: Russische Kosmonauten testeten in der Raumstation Mi

zu den Banken und
einen Millionen-Kre-
e ein neues Textilun-
n mit einer neuen Mar-
n wollen.
aben uns ausgelacht",
er. Aber Zähigkeit siegt.
e Familien mitzogen,
Privathäuser bel
n Ende hatten sie
n Kreditinstitut von
ftsidee überzeugt.
reicht ja", sagt Jassner
t wieder, „das weiß
eßlich."
e Pläne des so untersch
nerduos gingen j

Calvin Klein. Der Newcomer ist Kult und Trendsetter. Im Westen fast logisch, aber auch im Osten.
„Hier, in Chemnitz lieben sie uns", sagt Jassner. Weil die heimischen „Italiener" erfolgreich sind. Ein Lichtblick angesichts fast 20 Prozent Arbeitslosigkeit und stei-

Insolvenz angemeldet. Da tut eine
Perle wie Banani dem Wirtschafts
standort Chemnitz besonders gut
Dass das Lob von Bernd Lang
Geschäftsführer der örtlich
Wirtschaftsförderungsgesell-
schaft, dennoch ein wenig gequ
klingt („Die sind zumindest

BRUNO BANANI / Kultmarke bekommt Deutschen Marketingp

Unterwäsche verkaufen,

HANDELSBLATT, Montag, 10.2.97
ich LEIPZIG. Unterwäsche war ein
Oberthema während der gestern zu
gegangenen Leipziger Mode-
Aussteller

no Banani auf der „Europe Selec-
tion", einer Messe in der Messe der
Hong Kong Fashion Week dem asia
tischen Markt. Das Interesse an de
flotten Unterwäsche aus dem deu
hen Osten ist im Fernen Osten

rfolg verdamm

Snowboarding in Underwear – bei -10° C auf die Piste

We wish you best vibrations.

Snowboard-Movie, Rocky Mountains, 1995.

„Frozen Souls & Beating Hearts", so der Titel des Movies, den wir in den Rocky Mountains drehten. Ein Streifen, der auf jede Sozialkritik verzichtet und dem Tiefschnee auch nichts Melodramatisches oder hintergründige Politrüffel beimengt. In der Hauptrolle des Snowdown-Films, der das Seelen-Yabadabadoo als ewige Erinnerung einfriert und flammende Herzen verursacht: die Serie „Your Perfect Underwear" auf den Bodys junger Snowboarder, die in den bevorzugten Hanglagen Colorados schwungvoll bergab donnerten. Eine Location, so klassisch wie der perfekte bruno banani Feinripp-Kult, wie die Menschen, die ihn tragen, die Cary Grant jeden Abend mit ins Gebet nehmen und Zigaretten ohne Filter rauchen. Nachdem das Morgenmahl mit den Jüngern der Boards eingenommen war ging´s sofort gen Gipfel und wieder runter. Die frenetischen Schneepflüge zauberten ihre Spuren in die Pisten und unser Kameramann war mitten drin, die Abfahrt des Sondersnowboardkommandos am traumhaften Schauplatz perfekt in Szene setzend.

Den Film im Kasten und wieder zu Hause angekommen, ließen wir die Band „Tab Two“ Musik drunterlegen, komponiert von Helmut Hattler, dem ehemaligen Frontman der deutschen Kultband Kraan. „Tab Two", das sind zwei Berliner, die mit innovativer Musik europaweit seit Jahren für Furore sorgen, Hip Jazz der anderen Art spielen, bestehend aus Rhythmus, Technik, Hirn, Herz und Bauch. bruno banani begleitete das Hiphop-Duo als Sponsor sowie Ausstatter bereits auf verschiedenen Tourneen und war überzeugt, dass ihr Stil das passende musikalische Statement zu „Frozen Souls & Beating Hearts“ abgeben würde.

Der Film ist ein mitreißendes Live-Dokument geworden, in dem Musik, Action und Mode wie selbstverständlich verschmelzen. bruno banani betrat damit 1995, als der Film entstand, bereits ein Genre, das sich etablierte Marken erst noch erschließen mussten. Von der Presse und den TV-Anstalten wurde der neue Zeitgeist deshalb gerne aufgenommen. Der Fachhandel wurde direkt mit Videos, Plakaten und Gewinnaktionen unterstützt. Die Produktionskosten lagen im Übrigen im Low Budget-Bereich. Auch ohne Millionen-Etats, ohne von massenhaftem Filmequipment zugepflasterte Hänge und ohne hektische Star-Regisseure, die noch hektischeren Star-Schauspielern permanent klar zu machen versuchen, dass es Winter ist und wahrscheinlich vor dem Frühjahr nicht wärmer werden wird, auch ohne all das lässt sich ein Filmfest erspielen.

Nicht, dass wir diese Vorgehensweise verurteilten, wir hatten einfach mit weniger Geld auszukommen. Doch selbst wenn es da gewesen wäre, es hätte nicht viel an der Überzeugung geändert, dass man auch mit einem Rocky auskommt und keinen Mountain voll Geld für die Produktion eines guten Filmes braucht. Geld schießt keine Tore. Nicht mal im Film.

Die Aktion:
FROZEN SOULS AND BEATING HEARTS (Colorado, 1995)

Die Mission:
Snowboarding in Underwear: Bei –10° C in den Bergen von Colorado

Das Ergebnis:
Der bruno banani Film für TV und PoS
„Wenn man einen Film macht, dann gehört man zu einer großen Markengattung.“
Gerhard Fischbach

10.000 km durch die Wüste: Achill Moser beim Adventure Test

Expedition ins legendäre Goldland Ophir, 1996.

Wissen Sie eigentlich, was Gold wörtlich übersetzt bedeutet? Es heißt: verwandt mit Gelb. Eine ziemlich banale Deutung für das edelste aller Edelmetalle, das Menschen seit Gedenken dazu bringt, alles stehen und liegen zu lassen, nur noch nach Schaufel und Sieb hechelnd. Nehmen Sie einem Kind am Strand mal Sieb und Schaufel weg ... au, au, den Tag können Sie abhaken.

Aber machen Sie das mal mit einem Goldsucher ... AU! AU! Wenn Sie Glück haben, können Sie nur die Goldzähne abhaken. Nebenbei bemerkt: Das chemische Zeichen für Gold ist „Au".

Gut, banale Deutung oder nicht, schon 2000 Jahre vor Christus betrieben die Ägypter Bergbau, um Goldadern aufzuspüren. Sie waren natürlich nicht die einzigen Goldsucher. Praktisch überall auf der Welt wurde bereits vor Tausenden von Jahren wie wild geschürft, gegraben, gewaschen und meist anschließend auch hart gesoffen, weil meist doch nur wertlos glänzende Steine ans Tageslicht gebuddelt wurden. Die haben auch Sie vielleicht auch schon mal gefunden, wenn Sie bei einem lustigen Wanderausflug dabei waren, den Hotels gerne für ihre Gäste und deren Kinderschar einmal pro Woche veranstalten – Dienstags: Wandern und Schatzsuche mit Günter, dem Goldstück des Hotels. Abends dann ein Abenteuervideo im Kinoraum, Dschungelbuch, Indiana Jones oder so. Oh happy day.

Von glücklichen Tagen konnte König Salomon nur träumen – nein, wir meinen nicht den verkleideten Hotel-Günter in einem mit den Kids einstudierten Theaterstück, wir meinen den echten. Trotz wirtschaftlich und sozial ausgewogener, salomonischer Urteile, die der König stets zu fällen versuchte, war der Gute 1000 Jahre vor Christus von eher zweifelhafter Bonität. Angesichts leerer Kassen rief er die damalige Pharaonenkönigin Hatschepsut an – irgendwie.

König Salomon: Ich grüße dich, Hatschi-Baby, darf ich dir sagen, du siehst goldiger als je zuvor aus.
Hatschepsut: Danke, Salomon. Aber lass die Schmeicheleien und komm zur Sache.
König Salomon: Bin schon dabei. Du weißt, jeder ist seines Glückes Goldschmied.
Hatschepsut: Wem sagst du das!?
König Salomon: Eben! Nun, das Glück scheint sich von mir abzuwenden und da ich kein Goldschmied bin ...
Hatschepsut: Salomon!
König Salomon: Ich möchte dir einen Vorschlag machen. Dein Volk ist erfahren und wissend im Bergbau wie kein anderes, setzt Maßstäbe in der Entdeckung und Ausbeutung von Goldvorkommen. Nun, ich plane eine Gold-Expedition. Ich bin überzeugt: Es gibt ungeheure Vorräte, die nur darauf warten, von uns gehoben zu werden. Ich biete dir an, die Expedition zu begleiten. Stell dir vor, du würdest zu märchenhaftem Ruhm gelangen, als eine der größten Entdeckerinnen in die Geschichtsbücher eingehen, du könntest dein Grab mit unvorstellbarem Reichtum ausstatten ...
Hatschepsut: Du hast mich überzeugt, Salomon, ich bin dabei.
König Salomon: Ich wusste es! Obwohl ich mich frage, ob es dein goldenes Herz ist oder dein Nachgoldsuchen-Gen ist, was dich so leicht in Goldrausch versetzt.
Hatschepsut: Ts, ts, wir sehen uns beim Auslaufen der Schiffe.

Und so segelten in jener Zeit jüdisch-phönizische Seefahrer im Auftrag dem legendären Goldland Ophir entgegen. 10.000 Kilometer weiter entfernt. Eine für damalige Verhältnisse sagenhaft weite Strecke.

Rund 3500 Jahre später folgte eine Gruppe Auserwählter den jahrtausendealten Spuren dieser historischen Einmaligkeit, angeführt vom Expeditions-Guru Achill Moser, dem Extrem-Tourist und ersten Fußgänger, der 20 Wüsten durchquerte. bruno banani unterstützte die Kult-Tour und stattete das Forscher-Team mit Underwear aus der Serie „Your Perfect Underwear" aus. Das Ziel: Während der 120 Tage dauernden und 10.000 Kilometer umfassenden Reise ins südliche Afrika, wo auch heute noch die größten Mengen an Gold gefördert werden, einmal mehr beweisen, dass Qualität eine Wahrheit hat. Die Abenteuerlichkeiten, auf die sich unsere Marke einließ, waren Extrem-Klimata, Sandstürme, viehische Strapazen durch unentwegtes Auf und Ab und unentwegtes Hin und Her auf Kamel- und Eselrücken, erbarmungsloser Wassermangel und der afrikanische Dschungel.

Die erste Etappe führte von Jerusalem durch die Wüste Sinai und Negev. Hier erfuhren die Teilnehmer, wie sich ein Streichholz über einer Kerze fühlen muss. Bis zu 70 Grad Celsius heizte sich der Sand auf, der schon am dritten Expeditions-Tag Lust hatte, sich als Sturm aufzuspielen und wie eine gigantische Nadelwalze das Team überrollte. Nachts dann eisige Kälte. Für alles gibt es bekanntlich goldene Regeln, zuweilen könnten sie aber schon etwas mehr bieten als Schlafsäcke und Bibbern. Nur bruno banani surfte cool durch die feurigen Hitze-, Kälte- und Sandsturmwellen. Zwischen Sand und Stein lagen immer wieder unbeschreiblich schöne Oasen. Sie erschienen irgendwie wie ein Wunder. Für die Wüsten-Crew war das natürlich nichts Neues, sie trug ja ständig eines mit sich – direkt auf dem Körper.

Dann endlich, die Küste des Roten Meeres auf ägyptischer Seite. Auf der zweite Etappe ging es übers Rote Meer bis Port Sudan, wo der Treck vom Militär zunächst am Weiterreiten gehindert wurde. Doch dann ging es weiter mit dem Flugzeug über den politisch unsicheren Sudan nach Kampala, Uganda, von dort mit dem Jeep zum Turkanasee, weiter nach Kenia. Auf Wüstenschiffen drang man schließlich ins Landesinnere von Kenia vor. Im grünen Urwald Kenias wurde das Übernachten am Lagerfeuer brenzlig: Achill

Moser und Kollegen glaubten sich plötzlich riesigen Goldhamstern gegenüber, dabei waren es wilde Löwen. Doch was der Löwe nicht kennt, das frisst er nicht. Glück gehabt, die Löwen verzogen sich wieder. Von Isiolo aus erreichten die Abenteurer auf der dritte Etappe Lamu an der kenianischen Küste und mieteten dort eine Dhau, eine Art Ur-Segelboot. Damit segelte man 2000 Kilometer weit und legte in Mosambik wieder an. Auf Kamelen, Lkws und Eseln erreichte das Team letztlich und endlich das Ziel, ging durchs Golden Gate der Tour und stand vor den sagenumwobenen Ruinen im heutigen Simbabwe. Ein unbeschreibliches Gefühl, das den kleinen, aber unerschütterlichen Verband der echten Wüstlinge überfiel, als sie es geschafft hatten. Emotionen, wie sie Teilnehmer bei Olympischen Spielen haben müssen, wenn sie die Goldmedaille und einen Strauß Goldglöckchen überreicht bekommen. Fantastisch!

Nicht irgendjemand, sondern ARD, DSF und „fit for fun" berichteten exklusiv über die Tour '96, die Tour der Wahrheit, auf der bruno banani nichts, aber auch gar nichts verwüsten konnte und so zu Recht einen kultigen Qualitätsmaßstab setzte. Jenseits von Afrika dann das grandiose Nachspiel der Tour: fesselnde Pressekonferenzen auf den Modemessen, etliche begleitende Medienereignisse, Berichterstattungen, Interviews. Im Handel erschien das Buch zur Expedition und konnte für Promotionaktionen am POS eingesetzt werden. Ein Eintrag in das Goldene Buch irgendeiner Stadt gehörte aber nicht zu den Tour-Folgen. Viel wichtiger war ohnehin, das jede Verpackung aus der bruno banani-Serie „Your Perfect Underwear" ab sofort das Qualitätssiegel „10.000 km Adventure Tested – Ultimate Quality!" erhielt.

Die Aktion:
bruno banani ADVENTURE TEST (Afrika, 1996)

Die Mission:
Der Extremtest im legendären Goldland Ophir. In 120 Tagen von Jerusalem bis Simbabwe – 10.000 Kilometer durch die Wüste in bruno banani YOUR PERFECT UNDERWEAR.

Das Ergebnis:
YOUR PERFECT UNDERWEAR ist die erste „adventure tested" Underwear und erhält das Qualitätssiegel: 10.000 KM ADVENTURE TESTED – ULTIMATE QUALITY.

Das bruno banani Team beim härtesten Adventure-Race der Welt

Eco Challenge, Australia 1997.

Der Eco Challenge ist unbestritten die härteste Natur-Sportart der Welt, die im Triathlon einen entfernten, dagegen aber eher trägen Verwandten hat. Denn hier warten alle möglichen Power-Disziplinen auf die Teilnehmer, unter anderem Running, Rafting, Biking, Bergsteigen, Höhlenklettern und Kayaking. Alles in nicht vorhersehbaren Abständen und Ausmaßen abzuleisten, während es bei den jährlich stattfindenden Eco Challenges durch die extremsten Landschaften der Erde geht. Auch 1997 war das nicht anders. Zehn Tage und zehn Nächte dauerte „The Greatest Adventure Race“, das über 500 km quer durch Australiens wildestes Outback führte. Geschlafen wird dabei nicht, man erholt sich allenfalls kurz vom Umfallen, um am Ende möglichst mit der vorgeschriebenen Mindestanzahl von vier Teammitgliedern zuerst ins Ziel zu kommen oder zu robben. Bester Orientierungsinn sowie nackte Abenteuerlust sind neben Teamgeist und Kondition in Mega-Ausprägung die wichtigsten Teilnahmevoraussetzungen. Der Teamgeist wird durch den eigens hierfür entworfenen Preis, die „Team Spirit Trophy“, besonders gewürdigt und als Erfolgsbedingung betont. Immerhin: Deos versagen beim Eco Challenge schnell, nur wenig wird verständlich artikuliert, statt dessen bekommt man tage- und nächtelang nur Ächzen und Stöhnen zu hören. Die Zeit, die atemberaubend schöne Landschaften zu bewundern, ist auch nicht da, dafür hat man sich mit zusehends

verfallenden Körpern, dem geschundenen Äußeren der Teampartner, deren Blasen und Krämpfen abzugeben – in dieser Situation muss man schon zusammenhalten und sich gegenseitig aufbauen können. Ansonsten leuchtet dir rasch „Game over" heim. Und das ist bei jedem Eco Challenge viel häufiger Regel als Ausnahme. Allein im Jahr 1996, als das Rennen in Kanada veranstaltet wurde, erreichten von 70 gestarteten Teams gerade einmal 14 das Ziel.

Dank der Initiative von bruno banani wagte es auch Deutschland 1997 erstmals ein Team an den Start zu schicken. Bestens aufgehoben in der innovativen „Air Active"-Serie.

Das war eine Deutschland-Premiere im Rahmen des Adventure Race schlechthin. Mission impossible? Von wegen, im bruno banani Team Germany nahmen deutsche Elitesportler den ultimativen Kampf gegen die besten Teams der Welt und die extremsten Herausforderungen auf. Ihre gestählten Körper wurden mit der kompletten Under-, Sports- und Outerwear-Ausstattung aus „Air Active"-Serie perfekt finalisiert. Auf den Spuren der Aborigines und frühen Siedler im Outback Australiens führte der Eco Challenge durch unberührte Landschaften, eigentlich undurchdringliche Wildnis und verlangte den Teilnehmern alles ab. Man hätte keinen besseren, weil keinen bewegungsfreudigeren, keinen härteren und vielfältigeren Wirkungskreis wählen können, um die einzigartige Güte des „Air Active"-Outfits unter Beweis zu stellen. Die darin von uns als erstem Hersteller in die Qualitäts- und Designtat umgesetzte Längs- und Querelastizität fand hier ein wunschlos glücklich machendes Testgebiet vor: beim Paddelschwingen in wilden Wassern, beim Strecken nach dem nächsten Felsvorsprung, beim Zappeln am Kletterseil, beim Zusammenklappen zwischendurch, beim Galopp für Fortgerittene, beim Schüttelanfall durch Nervenkitzel und bei vielen anderen Natur- und Grenzerfahrungen mehr.

„Air Active“ ist die neue Definition für formstabile Bewegungsfreiheit. Sie begeisterte die Thrillseeker ebenso wie die optimale Atmungsakvitität, die den Abtransport von Angstschweiß und durch den Kampf sowie das feucht-warme Klima hervorgerufenen Schwitzwassermassen optimal regelt, die Haut schön trocken hält und ein Auskühlen verhindert. Bereits in dem knallharten, dreitägigen Auswahl-Wettbewerb für die Qualifikation ins bruno banani Team Germany demonstrierte „Air Active“, was in der Serie steckt. Ein 24-Stunden-Mini-Eco-Challenge war hierfür angesetzt worden. Insgesamt nicht vergleichbar mit dem wahren Gig in Australien, aber auch kein Romantik-Trip. Bei der 150 km langen Quali-Strecke quer durch die Rhön standen 80 km Mountainbiking, 30 km Orientierungslauf, Abseilakte, Wildbach-Zähmungen und Schwimmen im Mittelpunkt des ebenfalls nonstop, Tag und Nacht durchzuhaltenden Programms.

Als am 12. August der Startschuss zum Eco Challenge ‘97 in Australien fiel, machten sich 70 internationale Teams auf den Weg der Wege. Darunter zum Beispiel das Team ECO-Agents, das sich aus kalifornischen FBI-Agenten zusammensetzte. Oder das Team Energy Australia, in dem sich ausschließlich Menschen befanden, die schon mal einen Eco Challenge gewonnen hatten. Doch auch andere Teams haben Champs, wie etwa das Team ATR One, in dessen Reihen Adrian Crane kämpfte, seines Zeichens erster Mensch, der in 101 Tagen den jeweils höchsten Punkt in jedem US-Staat erreichte.

Warum stellte bruno banani das Team Germany auf?

Warum essen wir nicht mit den Ohren, warum ist Schwarz nicht Weiß und ein Tag nicht 300 Stunden lang? Weil es eben so ist, wie es ist und wohl auch sein muss. Stellen Sie sich vor, Impulse würden plötzlich nur noch vom Danebenstehen und Zuschauen resultieren. Dann müsste sich die Marke ja vollkommen ändern und wäre nicht mehr das, was sie ist. Klar, bruno banani hätte auch für eine andere, weniger belastende Sportveranstaltung ein Team zusammenstellen und damit glänzen können. Aber warum sollte bruno banani mit „Air Active“ eine sportive Outfit-Serie entwickeln und herstellen, die in der nach oben offenen Zufriedenheitsskala neue Maßstäbe setzt und dies in einem Mittelmaß-Event testen? Sehen Sie!

As a matter of fact: Wer sich was vom Besten abschneiden will, hat nichts vom Durchschnitt.

Die Aktion:
ECO CHALLENGE (Australien, August 1997)

Die Mission:
Test der Kollektion AIR ACTIVE durch das Team Germany bei der ECO CHALLENGE, dem härtesten Adventure Race der Welt. Die Testvoraussetzungen:
Extreme Bedingungen wie feucht-warmes Klima, undurchdringliche Wildnis und außergewöhnliche Beanspruchung durch die Sportler.

Das Ergebnis:
bruno banani AIR ACTIVE besteht alle Strapazen des australischen Outbacks.

Eröffnung der ersten Zorb-Site Europas im bruno banani Sports & Adventure Park

Der bruno banani Sports & Adventure Park. Das war fällig!

Sich beim Italiener verabreden, gemeinsam zum ersten Mal irgendeinen Pokal der örtlichen Stadtmeisterschaften gewinnen, ein neues Auto kaufen, vielleicht auch ein Haus, sein Leben den Kindern schenken, sich über Essensreste nach dem Spülgang ärgern – so ist das Leben. bruno banani begleitet es als unverkrampfte Lobby für unverfälschtes Dabeisein, mittendrin, aktiv. Ein in der Marke definierter, beheimateter Grundgedanke, der als originalaffine, unvergleichliche Aktiv-Ebene schaltet und waltet und deshalb auch einen „Not for everybody“-Park eröffnen kann. Falls Sie sich jetzt wundern, es stimmt: bruno banani ist die erste Designermarke, die einen eigenen Freizeitpark eröffnete. Und wie es sich für die Marke gehört, finden sich dort ausschließlich Trend- und Futuresportarten. Kein Ponyreiten, kein Streichelzoo, kein Karussell und auch kein historisches Schweizer Zügli, das Großeltern und Enkel durch den Park kutschiert. Außer Bungee Jumping können Sie dort Ihren bis zum Äußersten bereiten Corpi sportivi beispielsweise beim Tyrolina per Hangglider über eine 200 Meter breite Schlucht gleiten lassen. Das Ideale für alle, die schon immer mal wissen wollten, wie sich Tarzan fühlen musste, wenn er Jane oder Elefantenherden zu Hilfe flog. Sie können auch beim Giant Swing mitmachen. Nein, keinem Tanzwettbewerb für alle ab 1,90 m – Sie sitzen in einer Riesenschaukel, die an derselben Drahtseilbrücke angebracht ist, auf der auch die Bungee Jumper zum Strick greifen, und schweben von Adrenalin-Schock zu Adrenalin-Schock in einem Radius von 150 Metern durch die Schlucht.

Lust auf mehr in der Tankstelle für Powerolics? Dann nehmen Sie sich doch das High Jumping vor, das Mundwinkel in Falten legt, Wangen zum Hängen und Betriebssysteme zum Abheben bringt. Beim Rock Running hingegen ruft der Berg zum Felsen-Run, der Hydro Speed bewässert Sie rasch, ähnlich geht's beim Canyoning zu, Rafting und Paragliding stehen darüber hinaus ebenfalls zur Auswahl. Und wenn Sie schon da sind, sollten Sie sich den Trendsport für Individualisten auf keinen Fall entgehen lassen. Sein Name: Zorbing. Stellen Sie sich eine durchsichtige Plastikkugel mit drei Metern Durchmesser vor, in der Sie der Zorbonaut sind, der sich darin der Gravitation überlässt und dann das krasse Gegenteil von dem macht, was man unter „eine ruhige Kugel schieben" versteht. Auf der 100 Meter langen Bahn rollen Sie in der Kugel mit einem Höllentempo abwärts, erleben Ihre eigene, ungeahnte Eigendynamik und eine komplette Runderneuerung. Ihr Körper bleibt aber dank der Luftpolsterung von einer gehörigen Tracht Prügel verschont, wenngleich es sein kann, dass Sie nach Ihrer Ankunft an Folgeerscheinungen glauben: Sie wollen Ihren Freundeskreis nicht mehr sehen, eine Partei zur Abschaffung aller Ballspiele gründen, Sie wollen Ihre Rockn'Roll-Platten vernichten oder Sie nehmen sich vor, sich in ein Quadrat zu verlieben. Doch dies sind nur vorübergehende Erscheinungen. Der bleibende Eindruck ist viel nachhaltiger: Sie wissen um die Entdeckung eines Ausnahme-Gefühls für sich selbst und nehmen Ihre Umwelt neu wahr. Auf dem Weg zu Ihrem eigenen Mittelpunkt haben Sie einen echten Kick erhalten.

Nur daraus nährt sich die wirklich bewegende Euphorie und Souveränität jeden Ichs, aus dem Echten. Was das für die Markterregung zur Folge hatte? Echte Geschäfte natürlich. Der bruno banani Sports & Adventure Park ließ in Anbetracht seiner „No pain, no gain-Potenz" gewöhnliche Fachhandelsaktionen, wie Gewinnspiele mit der Aussicht auf ein Wellness-Wochenende im Schwarzwald, vor Neid erblassen.

G: DM 220.-

ultimativen

THRIL

JUMP

Sicherheitscheck: Didi (l.) legt erst die Manschetten um meine Beine, Boß Peter (M.) überprüft noch einmal alles

Spezialseil: Auf das elastische Gummi-Band ist noch ein zweites, unelastisches Sicherungsseil „aufgenäht"

Bei ‚brun

chalski war eine der wenigen Frauen, die bei der

waren zwanzig weitere Todesmutige aus

die Schlucht - und von hier mußten sich die

chalski
nem Bu
ter gej
natürlic
lige M

8,5 S
Fall v
Brüc
noch
ein

Nichts für
ven: Fast
ließ sich K
(o.) von
rücke i
chlucht (

banani
n fliegen

Katrin:
olcher B
habe ich
Jahre
Sprun

Wettkämpfer
ürzen.
hon ein komi-
fand

Bravo Sports, 27.08.1997 – Chemnitzer Morgenpost, 02.06.1998

Der erste inoffizielle Bungee Jumping Championship

Der Weg ins wirkungsvolle Innere. Hart, aber herrlich.

Bungee World Championship, Suisse 1998.

Am 16. und 17. Mai 1998 trafen sich Europas beste Bungee-Jumper in Sierre, einem eigentlich beschaulichen, fast idyllischen Ort im Schweizerischen Val d'Anniviers, das zum Wallis gehört und während der beiden Meisterschaftstage zum Fallis wurde. Veranstaltungsort war der gerade erst eröffnete bruno banani Sports & Adventure Park.

Bei bruno banani sah man im Sponsoring der ersten Bungee Jumping Championship 1998 die ideale Entsprechung zu der Produktlinie „Funtastic" – schließlich steckt der Spaß nicht von ungefähr schon in der Bezeichnung. Denn der Spaß am ständigen Entwickeln des dann stets auf 30 Tage limitierten Neuen prägt das Design der jeweiligen Fashion-Programme unseres Unternehmens, allen voran der von Anfang an umfangreich erstellten „Your Funtastic Underwear"-Serien. Der Spaß am bloßen Experimentieren, der Spaß am Versetzen von Designgrenzen, der Spaß am beherzten Ergründen der im Verein für angewandte Zukunft versammelten Funtastic-Zielgruppe, der Spaß am Dechiffrieren aus anderen Lifestyle-Szenen aufgenommener Trends und last but not least der Spaß am Erfolg ist den Serien nicht nur anzusehen, er ist geradezu greifbar. Fun, Mut und Neues, das selbst für

jede Fashion-Police viel zu schnell wäre – was ließe sich treffender mit Bungee und der ersten Meisterschaft in dieser Sportart verbinden? Nichts! Der offizielle Titel des Wettbewerbs, der in zweiter Linie vom Faserhersteller Tactel unterstützt wurde, lautete denn auch „Your Funtastic Bungee Jumping Championship".

Schlucht frei für die Helden des freien Falls.

21 Spitzenspringer aus Deutschland, der Schweiz, Italien, den Niederlanden und Neuseeland bildeten das funtastische Teilnehmerfeld. Gesprungen wurde von einer 50 Zentimeter breiten Drahtseilbrücke, die eine enge Felsschlucht überbrückte Die Sturzstrecke belief sich auf 190 Meter, das Tempo, mit dem der Grund auf die Springer zuraste, betrug rund 140 Stundenkilometer – eine Geschwindigkeit, die Orkanstärke hat und geeignet ist, Dächer abzudecken, Palmen zu entwurzeln und durch die Luft zu wirbeln. Wie auch immer, am ersten Tag stand der Pflichtteil auf dem Programm. Vorwärts- und Rückwärtssalti mussten absolviert werden, es stand aber jedem Teilnehmer frei, den Fall mit Songs wie „Oh Baby, Baby, falla, falla" oder „Auf dem Körper, auf dem Körper, liegt 'ne zweite Haut, auf dem Körper, auf dem Körper, liegt ne zweite Haut ..." zu unterlegen. Am zweiten Wettkampftag standen Freestyle-Sprünge an. Sowohl für die vielen Zuschauer als auch die fallenden Spektakuleros der Highflight-Day. Jetzt war Freaktime angesagt, fall out made in Suisse. Auf die am Vortag pflichtgemäße durchflogene Vor-

speise folgte nun der Showgang. Unglaublich, was es hier zu sehen gab. Die hochrangig besetzte Jury war bei der Ermittlung eines Gesamtsiegers nicht zu beneiden. Aus dem Gefallenen des Pflicht- und Kürtages kürte sie schließlich Nico Donno zum Sieger. Der 40-jährige Italiener ließ die gesamte Konkurrenz mit 12 Salti sowie einem sensationell geschraubten Salto im Freistil hinter sich. Obwohl Nico bei der Preisverleihung nicht mehr wusste wo oben und unten war, nahm er den Sieg doch stehenden Fußes entgegen. Neben der Trophäe wurde er für seine beeindruckende Leistung mit einer Adventure-Reise nach Neuseeland belohnt – übrigens das Ursprungsland des Bungee-Sports.

Unter den international renommierten Wertungsrichtern befand sich auch Eberhard Gienger, der ehemaliger Kunstturnweltmeister. Doch nur zusehen und Noten zu verteilen war dem immer noch topfiten Allroundtalent zu wenig.

Zunächst eröffnete er mit einem tollkühnen Fallschirmsprung aus einem Flugzeug die Meisterschaften, dann ließ er es sich nicht nehmen, selbst zum Flugzeug zu werden, sich von der Drahtseilbrücke zu stürzen, einen perfekt hingefallenen zehnfachen Salto zu zeigen und zu Recht einen Riesenapplaus einzustreichen.

Die Aktion:
YOUR FUNTASTIC BUNGY JUMP CHAMPIONSHIP im bruno banani Sports & Adventure Park in Val d'Anniviers, Sierre im Wallis (Schweiz, Mai 1998)

Die Mission:
Test der Kollektion YOUR AIR ACTIVE UNDERWEAR im freien Fall.
21 Spitzenspringer aus Deutschland, Schweiz, Italien, Niederlande und Neuseeland.
190 Meter freier Fall bei 140 km/h.

Das Ergebnis:
bruno banani macht auch beim Salto Mortale nicht schlapp.

Space Test, Russische Raumstation MIR, 1998.

Seit Armstrong die amerikanische Flagge in den Mondboden rammte, waren schon viele nach ihm im All. Die internationale Weltraumstation ISS kann man als das hervorstechendste und viel versprechendste Produkt all der technischen Großtaten der vergangenen Jahrzehnte ansehen, den Weltraum zu erforschen.

In diesem global konzentrierten Zuge, eine längerfristig bewohn- und nutzbare Niederlassung außerhalb der Erde zu schaffen, gaben die Russen ihre eigene Weltraumstation MIR auf. So ist die Location eines der eminentesten Weltraum-Tests bereits Geschichte. Das Resultat wird auch in vielen Jahren noch zukunftsweisend sein. Denn am 15. Mai 1998 startete bruno banani den ersten Funktionstest für Designer-Underwear in der Schwerelosigkeit. Bei dieser einmaligen Passform- und Komforttest-Mission ging es nicht darum, mit bruno bananis Serie „Your Dynamic Underwear“ nur ein wenig im Originale-Planetarium herumzufliegen und sonst nichts. Es ging wirklich um knallharte Material- und Belastungstests, die der Serie die Auszeichnung „Space-Proofed“ verleihen sollten.

uno Banani. ...
n Label soll dank eines einfallsrei-
en Marketings besonders die Leute
nsprechen, die hoch hinaus wollen.

Wäschetest im All

Das Haus an der Hofer Straße im sächsischen Mittelbach lugt in schlichter Eleganz hinter Büschen und Bäumen hervor. Das Backsteinhaus wirkt stabil, hochwertig und haltbar. Wie die Mode, die hier produziert wird. Ein aufnäherähnliches Schild kennzeichnet die Fassade. Weiße Lettern auf schwarzem Grund verk... den, wer hier zu Hause ... „Bruno Banani". Die Mark... die den deutschen Markt fü... Unterwäsche in den vergange... nen fünf Jahren aufmischte.

Das 1993 gegründete Unternehmen stieg auf zum Marktführer für Designerunterwäsche in Deutschland. Mit seiner zum Teil an das schlichte Calvin-Klein-Design erinnernden Kollektion will Bruno Banani nun auch den internationalen Wäschemarkt erobern.

Wer in Mittelbach Bruno Banani persönlich sprechen will ...

Fotos: dpa, Hersteller

Unter... der W...

Leipzig ... Bruno ... Mutter ... zu klein. ... sche Auf... ment D... wear ex... Richtur... Wenn ... läuft, s... ne russ... Teilen ...

Unterwäsche: ... von Schwerelo...

Firma testete Kollektion im All / Kos...

... Der erste Weltall-Unte...

MODE ■ Bruno Banani greift an. Dieses Jahr ... internationale Designer-Marke schaffen. Auc...

Wäsche...

Von BARBARA MO...

Was ist zu sehen, wenn Mario Basler sein Trikot auszieht? ... von Schiesser? ... die an-

Capital, 10/1998 – EURO am Sonntag, 25.04.1999 – Freie Presse, 28.11.1998 –
Kieler Nachrichten, 14.08.1998 – Schweriner Volkszeitung, 25.03./28.11.1998

MIR MISSION
SPACE PROOF UNDERWEAR
bruno banani
bruno banani
Alles banani im A
trendige Firma den Durchbruch als
nen Börsengang wird nachgedacht
auf de
einem
ten.
nder
Unterhosentest auf
der Weltraumstation
Leipzig (ADN) • Für des
Bruno Banani
Mutter

Die russische Weltraumstation MIR

„Your Dynamic Underwear" – als Erdgeschoss ins All und als wahre Trägerrakete zurück an den Point of Sale. Gewiss, kein unbescheidener Ausflug, aber der hohe Anspruch der Zielgruppe und des eigenen Markenkerns war es uns wert, der erste Hersteller der Welt zu sein, der seine Designer-Underwear einem offiziellen Weltraumtest unterzieht. Das Abenteuer beginnt im Frühjahr 1998 mit umfangreichen Gewebe- und Substanzprüfungen durch die russische Weltraumbehörde. Sie hat ihren Sitz in der Nähe Moskaus, in einer Stadt namens Zwjosdnji Gorodok, was sich schon irgendwie außerirdisch anhört, fast, als ob sie von einem Klingonenführer und einem, der „nach Hause telefonieren" nicht richtig aussprechen kann, gegründet worden wäre.

Die High Spirit-Maschinerie dort hatte uns voll erfasst. Bevor du Himmelsstürmer werden und den prestigeträchtigen Star Trek antreten kannst, heißt es gnadenlos Glasnost.

So wurde „Your Dynamic Underwear" von den Wissenschaftlern in jeder Beziehung durchleuchtet und die Qualität vollständig transparent gemacht. Die erste Hürde auf der Road to Space musste bruno banani, wie gesagt, in den Labors der russischen Raumfahrtorganisation nehmen. Das Prüfprogramm bestand unter anderem aus Temperaturtests. In einem Spektrum von minus 50 bis plus 50 Grad Celsius wurde das Stoffverhalten dahin gehend getestet, ob der Stoff im ständigen Wechsel von Sauna- und Gefriertruhenbedingungen ausleiern würde. Will er nur noch heim in einen wohltemperierten

Flugingenieur Nikolai Budarin beim Wäschetest in Schwerelosigkeit

Wäscheschrank oder sagt er: „Go ahead, und, wenn möglich, lenkt mich doch zwischendurch mit einem satten Sandsturm ab, das erhöht die Kurzweil." Die Temperaturtests gipfelten schließlich in der Überprüfung der Brennbarkeit. Verständlich, wer ständig Feuer unterm Arsch hat, sollte nicht so leicht entflammen. Imposante Beschleunigungstests sowie Reißfestigkeitsversuche zählten ebenfalls zur Versuchsreihe. Die Forscher ließen „Your Dynamic Underwear" dabei wissen, wie extrem die mechanischen Belastungen bei Start und Landung sein können und was eine Fluggeschwindigkeit von 28.000 km/h in 400 Kilometern Höhe bedeutet. Na ja, wer hoch hinaus will, muss entsprechende Anforderungen eben erfüllen. Anforderungen, die auch die mikrobiologische Sicherheit der Kollektion betrafen. Wie gesagt, die Russen wollten alles wissen und sie wussten nach den auf der Erde durchgeführten Tests alles. Und?

Der Daumen ragte nach oben. Keine Science Fiction, unsere Underwear war dabei, hatte sämtliche Torturen mit Bravour durchlaufen und war jetzt bereit für den All-Tag. Sicher kann man sich fragen, wozu man Designer-Underwear braucht, mit der man – falls nötig – mit 28.000 km/h durch die Gegend fliegen kann. Wir leben auf der Erde, noch jedenfalls sind unsere Lebensbedingungen erträglich, unsere Autos mindestens 27.700 km/h langsamer als eine Rakete und wenn wir losfahren, haben wir in der Regel auch nicht das Gefühl, gleich eins mit der Rückenlehne zu werden. Aber: Wir entwickelten unsere Kollektionen nicht fürs Weltall, sondern für den irdischen Kosmos derer, die das Besondere suchen. Die Idee an Designer-Underwear Weltraumtests zu verüben und nach siegreichem Bestehen einen Flug ins All zu buchen, entspricht der besonderen Positionierung unsere Marke.

Dass das Ergebnis nun so ausgezeichnet ausfiel, überraschte auch uns. Niemand hatte angenommen, dass die unter maximaler Sorgfalt und Akribie hergestellten Kollektionen auch weltraumtauglich sind. Aber sie sind es! Man kann sich fragen, wie es kommt, wie wir das gemacht haben oder es einfach nehmen wie es ist, eine einzige Qualitätsbestätigung.

Zu GalakTisch. Es ist angerichtet.

Am 13. August 1998 war die Weltpremiere endlich so weit. An Bord der bemannten Sojus Rakete in Bajkonur, Kasachstan, macht sich bruno banani auf zur Raumstation MIR, um dort die zweite Hürde zur Auszeichnung „Space Proofed“ zu nehmen. Nach einer Flugdauer von circa 48 Stunden – die Designer-Underwear sitzt – erreichte man planmäßig das Ziel. Aufgrund der bereits erfolgreichst überstandenen universalen wie durchdringenden Qualitäts-Checks hätte bruno banani jetzt erst mal einen entspannenden Raumspaziergang verdient, doch die Russen begannen sofort mit den übrigen Tests, die an Bord der MIR vorgesehen waren.

Einer der Verantwortlichen hierfür war Chef-Flugingenieur Nicolai Budarin. Er testete die Kollektion bei seinem täglichen Fitnessprogramm im MIR-Basismodul, auf dem Laufband oder auf dem Fahrradergometer und immer bei 90 Prozent relativer Luftfeuchtigkeit. Da die Muskulatur in der Schwerelosigkeit kaum belastet wird, sind diese Trainingseinheiten wichtiger Bestandteil des Tagesablaufs der Kosmonauten. Nicolai Budarin war begeistert von „Your Dynamic Underwear“. Die Elastizität und dynamische Passform der Kollektion überzeugten ihn restlos.

Nach der Rückkehr der Sojus-Raktete zur Erde wurde die erfolgreiche Test-Mission detailliert dokumentiert, zuvor setzte man ein getestetes Kollektionsteil zusammen mit einer Botschaft an die Außerirdischen in die Unendlichkeit aus. Der Rest der Kollektion landete zusammen mit der Kosmonauten-Crew sicher am 23. Mai 2001 im Pazifik. Ein Meister fiel vom Himmel.

Im November 1998 wurde die Marke offiziell mit dem Prädikat „Space Proofed“ ausgezeichnet. Jubel herrschte in der Designerwelt, es gab jede Menge TV-Berichterstattungen, etliche Public Relations-Flights über die Begegnung der Galaxis mit der „Not for everybody“-Art und ein verzückter Fachhandel machten die Mission im Markt zum puren Success. Und wir legten nach. Angeregt durch das phänomenale Himmelfahrtskommando dockten wir an die Produktlinie „Your Funtastic Underwear“ eine Hommage-Serie für Frauen und Männer an. Bitte ein Orbit, erklang es aus dem kosmisch inspirierten Absatzgebiet. Und bruno banani fütterte es.

Der Rest kann Ihnen sternschnuppe sein.

Die Aktion:
bruno banani Space Proof (Weltall, 1998)

13. August 1998, 11.43 Uhr MESZ:
Start der bemannten Sojus-Rakete in Bajkonur, Kasachstan.

Die Mission:
Test der Kollektion YOUR DYNAMIC UNDERWEAR in in der Schwerelosigkeit der russischen Raumstation MIR.

Das Ergebnis:
bruno banani ist: FIRST DESIGNER BRAND IN SPACE und FIRST SPACE PROOFED UNDERWEAR.

Gesamtkontaktzahl: 220.401.871

Auszeichnungen:
bruno banani gewinnt mit „MIR Mission“ beim internationalen Wettbewerb „Advertising/Marketing Effectiveness“ der New York Festivals.

Time Tunnel Test, 2000.

bruno banani geht mit der Zeit und gibt immer wieder das Tempo vor. Und jeweils zum richtigen Zeitpunkt. Dabei ist die Zeit an nichts gebunden und kann sich dem freien Lauf hingeben. Nur wer sie so begreift und gewähren lässt, zählt zu den Zeitgerechten, bei dem geht die Zeitrechnung auf. In einem Zeitraum, in dem keiner fragt, wie spät es ist, denn es ist nie zu früh, weil es kein Zeitalter gibt. Sie können die Zeit nicht mal totschlagen. Nichts wäre sinnloser. Als ihr Verbündeter kann man sich die Zeit so schön vertreiben.

Zum Beispiel als Designermarke, die im Windkanal getestet wurde und viel Wind um viel Design macht. Im Jahre 2000 präsentiert bruno banani eine neue Watch-Generation aus dem Time Tunnel.

Die Zeit läuft. Und unsere Zielgruppe findet das gut so. Sie käme nicht auf die Idee zu sagen: Stopp, Uhr! Sie ist trendig, zeitgeistig, braucht ständig bewegende Momente, hasst Ladenschlusszeiten, trotzt jedem Tag noch eine 25. Stunde ab, lebt den designorientierten und ambitionierten Lifestyle in ihrer individuell eingerichteten Timezone, in die sich bruno banani involviert. Und dazu sind andere Blickwinkel nötig, eine große Aufmerksamkeit für das Tun und Lassen der Zielgruppe, eine tiefe Auseinandersetzung mit ihrem Leben und dem Stellenwert, den Mode und Design für sie haben.

Man muss mittendrin sein im youniversal der Zielgruppe, in der Individualität der Rebellion. Unsere Marke zieht keine Bloß-nichts-verändern-Typen an, sondern Menschen, die sich fragen, ob es nicht an der Zeit wäre, dem Wesentlichen ein Stück näher zu kommen und es damit neu zu erschaffen.

An diesen Urinstinkt des Markenkerns knüpften wir den Uhrinstinkt an.

As time goes high.

Höchste Zeit für Uhren, die Schritt halten. bruno banani entwarf dafür das Design und präsentierte eine neue Watch-Generation namens „Quant“. In

Watch-Test im Windkanal

einem 2,5 Meter langen, voll funktionsfähigen Windkanal wurde der cW-Wert der Uhren als Maß für die bruno banani competence gemessen. Die Windgeschwindigkeit beim Test: 100 km/h. Legen Sie noch 18 km/h drauf und Sie haben einen ausgewachsenen Orkan. Der Sturm im time tunnel reichte indes vollauf.

An einem Handgelenk getragen wurde der „Quant"-Chronometer in Stellung gebracht, der Wind aufgedreht, der Kanal in Saus und Braus versetzt und am Ende der Arbeitszeit des Windes ein cW-Wert[8] von sage und schreibe nur 0,39 ermittelt.

Neuzeit wurde definiert – spezifische Eigenschaften des Trendsetters und Innovators bruno banani, der Zeit nur so und nicht anders gut machen kann. Der Zeitpunkt fürs Einläuten dieser neuen Ära war mit dem Jahr 2000 und dem beginnenden 21. Jahrhundert überdies gut gewählt, die Marke war auch hier nicht von gestern.

Ein Zeitraub beim Fachhandel war nicht nötig, die eigens für die Zielgruppe entwickelte „Quant" wurde mit einem fairen Preis ausgezeichnet – wie alles

[8] cW-Wert ist die Abkürzung für Luftwiderstandsbeiwert. Je kleiner der cW-Wert, desto strömungsgünstiger ist ein Gegenstand gebaut; der Gesamt-Luftwiderstand errechnet sich als Produkt aus dem cW-Wert und der Stirnfläche.

aus unserem Unternehmen, dessen Preispolitik ebenso klar und echt ist, wie seine gesamte Produktrange und alle Botschaften, florierend im Markenkern und Zeitraum des Wahren. Zu erleben und genießen um vier Uhr früh, beim Feiern einer Party, ohne Grund, ohne Limit; im Meeting um 11, beim Kampf gegen sture Längsdenker und überlegen, ob ein „Aus der Reihe“-Tanzkurs helfen würde; zu Tisch um 1, beim Essen zurückgehen lassen, das einem nicht schmeckt; kurz vor 2, beim Sich-gehen-lassen; nach 3, beim Lächeln und Feststellen, dass die Leine so lang ist wie man will; um 5, beim Vorwärtskommen, Fieber bekommen, the right fever; jeden Morgen, bei der schicksalhaften Begegnung mit dem Spiegel; immer wieder, bei allem Überflüssigen den Stöpsel ziehen und privat leben; täglich, „not for everybody, but for you“, beim Ausprobieren von Allem, außer Stillstand und schlechtem Geschmack.

Die Aktion:
TIME TUNNEL TEST (München, Februar 2000)

Die Mission:
bruno banani testet den cW-Wert der neuen Uhrenserie QUANT im Windkanal.

Das Ergebnis:
QUANT hat einen cW-Wert von 0,39
(gemessen am Handgelenk bei einer Windgeschwindigkeit von 100 km/h).

Mit dem Porsche auf den Mount Everest.

Ein Porsche ist sehr schnell und kann bestimmt unheimlich viel. Die Rede ist bei diesem Event allerdings nicht vom gleichnamigen Sportwagen, sondern vom Porsche, Dieter. Nach Hans Engl, der sich 1978 als erster Deutscher ohne Sauerstoffmaske zum Gipfel des höchsten Berges der Erde aufmachte, war Dieter Porsche der nächste, der dieses atemlos-waghalsige Abenteuer riskierte. bruno banani stattete den Herrenberger Bergsteiger dazu mit Underwear aus dem „Your Funtastic Oxygen“-Programm aus, was sich anbot. Wenn schon keine Sauerstoffmaske, denn schon Underwear, der nicht die Luft ausgeht. Dank Material Excellence einsame Spitze im temperatur- und feuchtigkeitsregulierenden Tragekomfort.

8.850 Meter streckt sich der Mount Everest über dem Meeresspiegel empor. Unzählige Möchte-gern-Bezwinger reisen jährlich ins Himalaya-Gebiet, ihre Lungen monatelang im Durchhalten geübt. Darin besteht im Grunde auch die größte Hürde. Denn was das reine Kraxeln angeht, so verlangt der Mount Everest den Bergsteigern nicht das Letzte ab, da gibt es weitaus schwierigere Hügel zu erklimmen. Aber durch seine Höhe gibt dir der Mount in puncto dünne Luft den Everest. Ab einer bestimmten Höhe glaubst du, du kannst keinen Schritt mehr vor den anderen setzen, der Körper ruft einen Warnstreik nach dem anderen aus, das Blut zirkuliert kaum noch, ächzt nach Sauerstoff, während du die Natur in die Knie zwingen willst und deine Füße in Slow Motion dem Gipfel entgegenwirfst, vorbei an Müllhalden, Überbleibseln an Gerätschaften, die man zu derartigen Besteigungen eben so benötigt, und gelegentlich herumliegenden Leichen.

Nach Neuvermessungen im Jahre 1987 galt der „K2“, ein Nachbar des Mount Everest, als höchster Berg der Erde. Jedoch nur für ein paar Monate, dann stellte ein exakter, durch Satelliten ermittelter Vergleich die alte Rangordnung wieder her. Vielleicht war das auch nur ein cleverer Schachzug der Nepalesen, die Heerscharen der den ultimativen Höhepunkt Suchenden für einige Zeit wegzulotsen, um schnell mal aufzuräumen.

uno Ban
hen: Es will ab
he neue Unterwäsche-
ktion mit dem Berg-
er Dieter Porsche aus
en-Württemberg
unt Everest sc
Texti

BRUNO BANANI STARTET MIT D
On top of the
D RUNO BANANI UNDERWE
EVEREST OHNE SAUERSTOFF
2001 STARTET DIE EXPEDITION
FUNTASTIC OXYGEN" AUS. DA
TER" FÜR AUSREICHEND SA

rwäsche im Test

Z. – Nach den Wei-
alls will das Chem-
Modeunternehmen
ani" nun auch die
Erde erklimmen.
rnehmen schickte
neue Unterwäsche-
mit d
rsche aus Herrenberg
Württemberg) zum
will als

Engl (1978) den höchsten Be
der Welt (8848 Meter) oh
Sauerstoffmaske, aber mit
neuen Unterwäsche besteig
heißt es. Das neuartige Mat
der Kollektion reguliere Te
ratur und Feuchtigkeit un
ge zumindest „darunter
Sauerstoff.
der neue
dann an Herbst auf das
First designer brand

Fashion Today, 02/2001 – Financial Times Deutschland, 26.03.2003 – Frankenpost, 29.03.2001 – Ostthüringer Zeitung, 23.03.2001 – Rundschau für internationale Herrenmode, 05/2001

bruno banani ...

...Höhen: Es will ab Sonn-
...eine neue Unterwäsche ...

...E OHNE SAUERSTOFFMASKE ZUM MOUNT EVEREST

...ERSTÜTZT DEN HERRENBERGER "GEBIRGS-SPEZIALISTEN" DIETER PORSCHE BEI DER BESTEIGUNG DES M...
...ANS ENGL (1978) IST PORSCHE DER ZWEITE DEUTSCHE, DER DIESES ABENTEUER WAGT. AM SONNTAG, 25...
...AGEBIRGE. BRUNO BANANI STATTET DEN HERRENBERGER MIT SEINER INNOVATIVEN UNDERWEAR-SERIE...
...GE MATERIAL DER LINIE REGULIERT TEMPE... ...GKEIT UND SORGT SOMIT ZUMINDEST "...

...f Everest

DAS LETZTE

Doping-Schlüpfer

...er Berg ist hoch, der Schwindel ungeheuer. Der Tübinger Berg...ger Dieter Porsche ist gestern am ...ß des Mount Everest gestartet: Im ...ai will er dann ohne Sauerstoff-Maske auf 8850 Meter Höhe stehen. „Toll", werden Sie nun sagen, lieber Leser. Doch Vorsicht! Porsche bedient sich unerlaubter Hilfsmittel – er ist gedopt.

Jawohl, wir rufen die Internationale Kommission für Doping im Bergsteigerwesen an: Bitte ermitteln Sie! Porsche trägt nämlich unter der Wanderhose eine Geheimwaffe: die „Funtastic Oxygen", eine Unterhose gesponsert von der Firma Bruno Banani.

Diese Unterhose, so der Hersteller, „reguliert *Temperatur* und *Feuchtigkeit* und sorgt darunter für ausreichend *Sauerstoff*. Sie ist also Doping ... dann auch in Rosa gibt(?) Feuer am Hintern und treibt voran. Zweite Hilfe: Packt Porsche die Angst und er tropft da unten ein bisschen, dann saugt's die Unterhose weg – und wandelt es um in ein Red Bull (mit Bananengeschmack), das dem Dieter Flügel wachsen lässt.

Damit nicht genug: Am Eingriff des Feinripps ist ein Sauerstoffknopf eingenäht. Wird die Luft dünne, greift sich Porsche einfach in den Schritt (wie Michael Jackson) – und die Hose atmet für ihn. Also wirklich, wo bleibt da der Sportsgeist?

Porsche ist's egal. Und es wird gemunkelt, dass schon weitere Werbeverträge unterschrieben sind. Nächstes Mal fährt Porsche den Mount Everest im – natürlich – Porsche rauf, und neben ihm sitzt ein Playboy-Häschen im String-Tanga (Modell: „Ritz me"). ...Doping geht nicht.

Dieter Porsche ist gedopt

Ohne Sauerstoffmask...
zum Mount Everest

...ie bruno banani un...wear GmbH unters... den Herrenberger ...-Spezialisten" Dieter ... bei der Besteigung ...nt Everest ohne S...maske. Nach Hans ...hre 1978 ist Porsc...e Deutsche, der ...teuer wagt. Am 25...

Banani erklimmt
...t Everest

buno banani auf dem Dach der Welt

Manche Bergsteiger bringen ja auch Kameras mit. Und etwas Berg sollte schon noch zu sehen sein. Ein wenig Hohn, ein wenig Spott, aber damit muss der Berg und unsere Gesellschaft ebenso leben wie mit der unbestreitbaren Faszination, die uns alle ergreift wenn wir an das Schnellste, Beste, Höchste, Tiefste, Intelligenteste, Schönste und anderes Maximalstes denken.

Also begleitete bruno banani Dieter Porsche dabei, als er der Welt aufs Dach stieg und für sich dort oben das Zertifikat „first designer brand on the top of the world“ abholte.

Im Basislager herrschte gute Stimmung. Viele Neugierige, die den Angriff Dieter Porsches auf den Gipfel ohne Sauerstoffmaske hinterfragten, Tipps gaben, sich austauschten, vereinzelt wurde sogar gebetet, überall Leute, die mit Ferngläsern die Höhenzüge in näheren Augenschein nahmen, Radios, die mit überwiegend schlechtem Empfang die neuesten Wetterberichte vermeldeten, die wiederum permanent diskutiert und eingeschätzt wurden hinsichtlich des eigenen Starts, des vermutlichen Verlaufs und Abstiegs. Eine seltsame Szenerie, für Außenstehende, die sich fragten, was zum Teufel die da oben wollen, einfach zu den Wenigen gehören, die Gott mit beiden Beinen auf der Erde stehend am nächsten waren? Dieter Porsche machte sich fertig zum Gipfelsturm. Er ist einer, der den Berg achtet, respektiert, er sieht ihn nicht nur als fest gewordenen Rekordhalter einer Höhe, die es zu meistern gilt. Für ihn ist der Berg ein

Wesen, das für sich steht und Würde hat. Und so konnte Dieter Porsche auch problemlos nur 100 Meter unterhalb des Gipfels den Hut ziehen vor diesem höchsten aller Berge, sich geschlagen geben und hoch erhobenen Hauptes den Rückweg antreten. Er war nah dran, ohne Sauerstoffmaske am Standpunkt der absoluten Spitze anzukommen. Eine kurze Mund-zu-Mund-Beatmung mit bruno bananis Underwear hätte vermutlich die letzte, entscheidende Luft gebracht. An „Your Funtastic Oxygen“ hat es nicht gelegen, Dieter Porsche war vollkommen zufrieden, stellte bruno banani ein erstklassiges Zeugnis aus, das den Höhenausflug für die Marke zu einem riesigen Erfolg machte und die angestrebte Zertifizierung „first designer brand on the top of the world“ einbrachte.

Die Aktion:
bruno banani on top of the world (Mount Everest, März 2001)

Die Mission:
Besteigung des höchsten Berges der Welt ohne Sauerstoff aber mit bruno banani „Your Funtastic Oxygen“.

Das Ergebnis:
bruno banani erhält das Zertifikat „first designer brand on top of the world“.

Pressure Proof am Bermuda-Dreieck, 2001.

Es begann am 29. Juni 2001. bruno banani machte aus diesem Tag seinen nächsten Milestone-Day. An diesem Tag machte sich die Marke auf, unterzutauchen.

Nicht, weil es über dem Meeresspiegel nichts mehr zu modernisieren gab. bruno banani tauchte exakt 4.800 Meter unter, um einen weiteren ultimativen Qualitätstest durchzuführen. Die Beteiligten dieser weiteren, mit Action und Einmaligkeit beladenen Expedition waren das Bermuda-Dreieck, ein russisches Schulschiff, feinste, ultranautische Technologie, 4.800 Meter Tiefe, ein tiefgründiges, unikales Kunstobjekt sowie die Protagonisten dieser Forschungsreise: Shorts und Shirts der bruno banani-Serie „Your Funtastic Oxygen“. Sie waren der Schatz des Projekts, der zunächst versenkt und dann als noch größere Kostbarkeit wieder gehoben werden sollte. Nach der Antwort auf die entscheidende Frage:

Wie viel Druck hält eine Unterhose aus?

Aufgrund der sehr guten Erfahrungen mit den Russen im Himmel sprach alles dafür, sie auch in Bezug auf die entgegengesetzte Richtung mit ins Boot zu nehmen. Auch diesmal die richtige Partnerwahl. Mit dem Schulschiff „Akademik Keldysh" nahm bruno banani gemeinsam mit der russischen Besatzung Kurs aufs Bermuda-Dreieck. Die Mannschaft, allesamt Piraten und Gestrandete – Blödsinn, allesamt hochprofessionell arbeitende Forscher und erfahrene Seeleute, kannte zwar das in allen Variationen gesponnene Seemannsgarn rund um das Bermuda-Dreieck. Diesmal aber setzen Realisten die Segel, die sich davon nicht im Geringsten beeindrucken, schon gar nicht beängstigen ließen. Sagten sie.

Ausflug: Der Mythos Bermuda-Dreieck.

Im Jahre 1964 veröffentlicht Vincent Gaddis in dem Abenteuermagazin „Argosy" einen Artikel über das Gebiet im Atlantik, in dem das Bermuda-Dreieck liegt. Darin schreibt er: „Das Verschwinden von Dingen in diesem relativ begrenzten Gebiet liegt weit über den normalen Zahlen, die sich aus dem Gesetz der Serie ergeben. Trotz schneller Flugzeuge und Radiowellen haben wir es mit einer Welt zu tun, die groß genug ist, um Menschen, Flugzeuge und Schiffe spurlos verschwinden zu lassen. Eine Meile ist immer noch eine Meile, aber die Meilen können sich zu einer großen Unbekannten addieren – der gleichen nebulösen Vorstellung, die schon unsere Vorfahren gefürchtet haben." In seinem Buch „Invisible Horizon" beschreibt er ebenfalls das plötzliche Abhanden kommen ganzer Inseln, Schiffsmannschaften und deren Kähne. Seiner Überzeugung nach hat die Lösung mit einem Experiment der US Navy zu tun, dem so genannten „Piladelphia-Experiment". Es wird spekuliert, dass man dabei Unsichtbarkeit erzeugen wollte, indem man die Magnetfelder der Erde aufzuheben versuchte. Dass jemals derlei Experimente durchgeführt wurden, dementieren die amerikanische Marine sowie die angeblich daran beteiligten Meeresforschungsinstitute bis heute vehement. So entstehen Legenden.

...Unterwä-

u-
n
er
em-
ört.
e
bH
e
z.B. der
eit auf
MIR

nal in U...
sich bedanken, da...
toller Tests die Kundschaft ...
ter bedienen kann: „Beabsichtigen Sie zufällig in nächster Zeit die Besteigung eines Achttausenders? Oder Urlaub im Bermuda-Dreieck?"

„Nicht unbedingt", werden wohl manche antworten. Und sich denken, dass sie weniger an MIR-tauglicher Wäsche interessiert sind – sondern an Unterhosen, die auf langer Straßenbahn-Fahrt nicht im Schritt scheuern. Wir wissen nicht, ob die bananis auch dies schon getestet haben. Und wenn wir schon mal beim Straßenbahnfahren sind: Halten wir uns an die Berliner Verkehrsbetriebe (BVG). Die haben ihre eigene Unterwäsche-Kollektion herausgebracht („hautnahe Erinnerung an einen Besuch in der Hauptstadt") und mit Namen von U-Bahnstationen bedruckt. Zwischen „Gleisdreieck", „Schöneberg" und „Jungfernheide" kann die Dame wählen. Auf Slips für den Herrn steht „Rohrdamm" oder „Krumme ... Männer, ihr braucht beim ...

...nterho... ...fsee-...

...Z. – Das Geschä...
...izenzen hat de...
Mode-Herstell...
im abgelaufene...
...weitere Umsat...
...t. Die 100 Mi...
...nd 40 Lohna...
...ion verhalfe...
...ner im Ge...
...000 zu eine...
von 22 au...
Mark. ...
...inführung...
-Serie fü...
...nehmer...
...ne Duft...

Tiefsee-Expeditio...

Nach dem spektakulären Wäschetest in der russ...
Weltraumstation Mir vor drei Jahren startete Br...
nani im vergangenen Sommer erneut eine unge...
Aktion: „Wieviel Druck hält eine Unterhose au...
te das Chemitzer Unternehmen und ließ die ne...
schekollektion „Your Oxygen Underwear" teste...
Verlauf der „utranautischen Tiefsee-Expedition...
unter www.brunobanani.de betrachtet werden.
...Expedition wird der ...
Erge...
ebenso ...
eine Hohlfaser, die für die Kollekt...
Die Homepage ist vorrangig für B...

Frankenpost, 03.02.2001 – Sächsische Zeitung, 25.08.2001 – TextilWirtschaft, 13.12.2001

im

cktest

en Umsatzsprüngen.
em die Anteile auf dem
ionalen Markt sollen
t werden. Erstmals
erte sich das von einem
d einem Ostdeutschen
te Unternehmen auf
n International de la
in Paris. 2000 wurden
n die Kontakte nach
vien ausgebaut. Auch
e im Nahen Osten öff-
langsam, meinte Jass-
Thailand, Singapur
ysia wurde ein G

n egal.
en und Hosen
ie „Your Funtastic
Bermuda-Dreieck
Meter Tiefe auf
rucktauglichkeit
geprüft – Test
bestanden.
Die „pressure
proof"-Wäsche
gibt's ab Oktober

Unterhose

VON STEFAN SCHIRMER

Wie tief muss eine Beklei
dungsfirma sinken, ehe
sie endlich ein paar or
dentliche Unterhosen herstellen
kann? Bevor jemand auf die Id
kommt, das für eine blöde Fra
halten, rücken wir die Antwor
raus: 4 800 Meter! Diese tiefg
dige Erkenntnis verdanken w
no banani. Ein Name, der an
reichlich brustbehaarten Ita
und Obstladenbesitzer den
lässt, tatsächlich aber einer
nitzer Unterwäsche-Firma
Per Rundschreiben teilt un
bruno banani underwear
mit, sie sei ja „bekannt fü
spektakulären Auftritte w
Space-Test in Schwerelos
der russischen Raumsta
oder der Wäschetest au
Mount Everest". Kurzun
taucht an Stellen auf, v
eigentlich nicht erwar
Wohl wahr. Wir wa
nungslos, dass da jen
und Herren-Unterbek
klapprigen Raumsta
Einzugsgebiet des Y
auch diesmal haben
ripp-Leute was Fein
sind sie der Wäsch
wieder um einen
„Jetzt ging bruno
nach: Wie viel Dr
terhose aus?" Ge
desliga-Fußballe

n Unterhose

-
che
ag-
das

ist seit 1995 im Netz. Bei eine
gangenen Jahres wurde das La
plett überarbeitet, außerdem ka
Zur schnelleren Navigation wu
nen eingesetzt, die Shop- und d
on sind voneinander getrennt. E
von der Stoll & Fischbach Gmb
zählt monatlich bis zu 50.000 Z

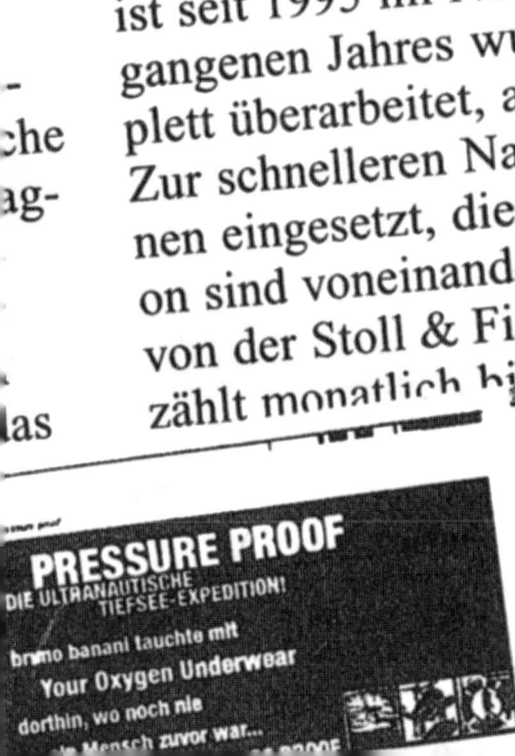

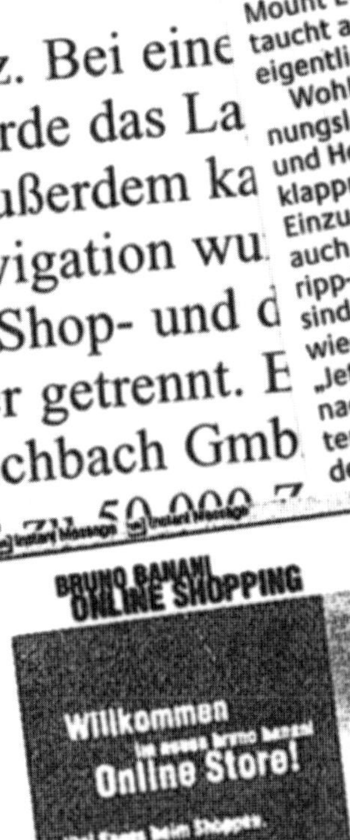

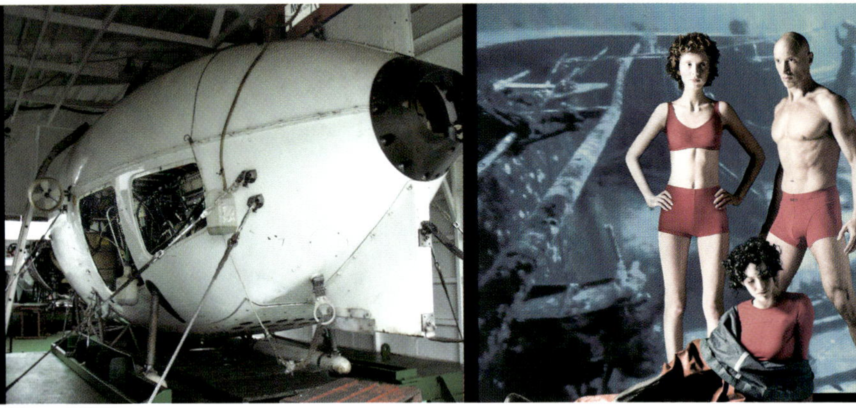

Expedition Tiefsee: bruno banani testet Underwear 4.800 Meter unter dem Meer

Das Bermuda-Dreieck ist, etwa 36 Grad nördlicher Breite zwischen Florida, Puerto Rico und den Bermuda-Inseln gelegen, mythisch und faszinierend wie kaum ein zweiter Ort und so auch wie kaum ein zweiter Ort geeignet, die Bühne für bruno bananis „pressure proof“-Aktion zu sein.

Nach ruhiger Fahrt am Zielort angekommen, begannen unmittelbar die Vorbereitungen für die Wäsche- und Faserprüfungen, die noch nie zuvor eine Designermarke unternahm. Das bruno banani-Team überprüfte vor dem Tauchgang nochmals die Unversehrtheit der Wäscheteile aus der Serie „Your Funtastic Oxygen“, das Team des Schulschiffs stellte die Einsatzbereitschaft der beiden Spezial-Tiefseetauchboote, den so genannten Submersibles, sicher. Die Spannung wuchs. Man war im Herzen des Bermuda-Dreiecks, möglicherweise doch jeden Moment auf rätselhafte Weise wisch und weg, bereit zum ersten Mal in der Geschichte Designer-Underwear zu Experimenten auf den Meeresgrund zu bringen. Designer-Underwear die überdies eine Premiere für sich war. Sie besteht aus der weltweit einzigartigen Polyamid-Hohlfaser Meryl Nexten, einem Gewebe das unbeschreiblichen Tragekomfort entfaltet, strotzend vor unvergänglich verwöhnender Verarbeitung, gefasst in einer Passform wie aus einem Luftzug gegossen, sanft den Körper streichelnd, wie ein Element sinnlicher Versuchung, dem nicht widerstanden werden kann.

Ein Styroporbecher als Beweis: vor dem Tauchgang und danach

Platsch. Die Tauchboote wurden zu Wasser gelassen, um zum Grund zu tauchen, der genau 4.800 Meter tiefer lag. Schmeißen Sie den Mont Blanc, Europas höchsten Berg, ins Meer, wobei er bis auf lächerliche zehn Meter vollständig versinkt, und Sie haben eine Vorstellung von der Strecke.

Mit jedem Meter stieg der Druck, dem „Your Funtastic Oxygen" ausgesetzt war und der schließlich mit der Tiefe des Meeresgrundes übereinstimmend 480 bar betrug. Die Maßeinheit für Druck bezieht sich immer auf einen Quadratzentimeter und die Angabe der Höhe des Drucks kann mit Kilogramm gleichgesetzt werden. Plastisch ausgedrückt hatte die Underwear demnach eine Last auszuhalten, die mit einem Kleinwagen auf Ihrem Daumen gleichzusetzen ist. Oder von fünf, jeweils rund 100 Kilogramm schweren Typen, die es sich auf Ihrem großen Zeh gemütlich machen. Oder von an Ihrem Hemdknopf zerrenden 40 Getränkekisten, jede gefüllt mit 12 randvollen Mineralwasserflaschen. Lassen wir es bei diesen Beispielen und kommen zum wasserdicht erwiesenen Ergebnis, das in jeder Beziehung überwältigend war. „Your Funtastic Underwear" hatte die Tests mit scheinbar spielerischer Unbeschwertheit erfolgreich über sich ergehen lassen. Statt dem Underwear-Stoff brach Euphorie pur aus, enthusiastischer Taumel, genuine Triumph-Reaktion dem Satz und der Haltung gehorchend: Wer den Weg des geringsten Widerstandes geht, weiß nicht, was Erfolg ist.

Der offizielle Drucktest verlieh der Serie „Your Funtastic Oxygen" das angestrebte, formelle Attest „pressure proof". Die Marke war durch die Aktion wieder einmal mit einer Public Relations-Aufblende im Markt, die alles in den Schatten stellte und den Abverkauf im Fachhandel druckvoll unterstützte.

Und wie nach innovativen Eroberungen, Siegen und Errungenschaften üblich, hinterließ bruno banani ebenfalls ein Symbol der Erneuerung und Zeichen dafür, wer hier die Clear-Taste drückte. Das eigens gestaltete Kunstobjekt wurde auf dem Meeresboden unter dem Bermuda-Dreieck hinterlassen und verewigt unsere Marke seither in den Tiefen des Atlantiks. Falls Sie dort vorbeikommen und es nicht mehr da sein sollte, hat es wahrscheinlich Neptun vor Ihnen gefunden, mitgenommen und in sein Wohnzimmer gestellt. Dasselbe gilt für die vielen Schatztaucher in aller Meereswelt, die nach versunkenen Werten fahnden. Aber vielleicht bleibt es ja dort, wo es ausgesetzt wurde und wenn Atlantis eines Tages doch wahr werden sollte, werden wir das Kunstobjekt heben und dem Bürgermeister zur Eröffnung der Unterwelt als Geschenk überreichen. Und die hinzugefügte Karte wird den Titel tragen: „Wer modisch in die Tiefe geht, ist obenauf."

Und der Endverbraucher? Der erfuhr zum Einen durch bruno bananis Tiefsee-Aktion ausdrücklich eine erfrischende Festigung des Funtastic-Spirits der gleichnamigen Underwear-Serien und deren Nimbus als Festival der neuen letzten Schreie. Das Publikum besteht aus lauter Leuten mit ständigen Zukunftsdates, die nicht einfach so aus dem Haus gehen, nicht, ohne sicher zu sein, vor dem Spiegel eine gute Identifikationsfigur gegenüber dem Funtastischen zu machen. „Give me Oxygen" war das neue Method Acting in ihrem Trendlife, ihre neue Kreativitätsventilation. Zum Zweiten zeigte der Markenkern bruno bananis dem Endverbraucher wiederum seine Lebendigkeit in Sachen kultiger Outfits. Und zum Dritten konnte der Endverbraucher fortan in „Your Funtastic Oxygen"-Underwear jeden Druck aushalten. Jump in, ins exzessive Nightlife. Kein Problem auch, als modischer Hecht im Karpfenteich seine Kreise zu ziehen. Und man hat jederzeit Oberwasser, egal wie hoch die Wellen schlagen.

Die Mission:
Wie viel Druck hält eine Unterhose aus?
Test der neuen Kollektion YOUR OXYGEN UNDERWEAR in einer Meerestiefe von 4.800 Metern.

Das Ergebnis:
bruno banani ist die erste PRESSURE PROOFED UNDERWEAR der Welt.

Gesamtkontaktzahl: 44.159.780

Speed Proof, Forschungszentrum Jülich, 2002.

Unser Leben trägt viele Stempel, einer davon wird ihm von der High Speed-Gesellschaft aufgedrückt, wobei alle möglichen Facetten zu beobachten sind, azum Beispiel jene, dass sich manche in den Zustand permanenter Panik hinein evolutionierten: Sie preschen in fieberhafter Hetze dahin, rund um die Uhr. Seitdem das Leben zu spät Kommende rigoros bestraft, glauben sie, dass kein Anschluss mehr verpasst werden darf. Entwicklungen in den verschiedensten industriellen und sozialen Zweigen charakterisieren sich ähnlich und heizen den Life-Express vieler an, in kausalem Kontext stehend zu den kommunikationstechnischen Fortschritten, die Raum und Zeitdimensionen auflösen, selbst größte Entfernungen zu Distanz-Winzlingen, ja Parallel-Realitäten reduzieren, man ist irgendwo und im selben Moment überall. Phantomartig ist binnen Sekunden praktisch jeder Ort der Welt jählings aufzusuchen. Denken Sie an die Datenautobahn: rastlos, unaufhörlich mobil und beschleunigend wird synchron verschwunden und aufgetaucht, in wahnwitzigem Tempo rotieren Menschen um den Erdball, im Geschwindigkeitsrausch rasen sie selbst im Verweilen, doch that´s life, das life der High Speed-People.

Auf dem Weg zur schnellsten Unterhose der Welt: bruno banani im Forschungszentrum Jülich

bruno banani ist Teil des Lebens, überstürzt nichts, ist nicht die entschleunigende Kraft, sondern die Agilität in der Dynamik, dort angestammt, verwurzelt als Konstante in der Lebensform des aktivierenden Drives, berechenbar, in sich ruhend und ästhetisch schnell. Nichts und niemandem hinterher rasend, nur die Souveränität der eigenen Schnelligkeit bedienend, machen wir High Speed zum wahren Genuss. Das setzt, ganz allgemein gesprochen, großes Selbstbewusstsein voraus, die notwendige Nonchalance etwa eines Feinschmeckers, der sich ganz und gar hingeben kann, weil er weiß, worum es geht, weil er einschätzen und beurteilen kann. Hastiges Verschlingen, Mund abwischen, lecker, danke, tschüs – das ist Hast, die nirgendwo hin führt, Hast ohne Qualität und Ziel. Nur wer Schnelligkeit bestimmt, hat sie im Griff, kann sie wahlweise potenzieren oder nicht, sie für sich persönlich zu einem Erlebnis und Genuss werden lassen. Mit dem Trendspurt muss man spielen können, sonst spielt er mit dir, am liebsten eine Weile Eile, so lange, bist du erschöpft umfällst und das Rennen von Neuem aufnehmen musst. Das Dringliche muss vernascht werden können, wie die Tüte Eis im Sommer, das Dringliche ist da, aber es nervt nicht, da du es magst. Das Eis schmilzt zwar, aber es entgeht dir nichts, weil du liebst, was du da gerade schlemmst. Deine Leidenschaft dafür steckt an, andere wollen es dir gleichtun, kaufen dasselbe Eis, schlecken wie verrückt, vergeblich. Niemals wird eine Kopie ein Original überholen. Die Kopie kann noch so getuned, noch so verbissen in volle Fahrt gebracht werden, das Original bleibt trotzdem schneller, weil es in sich unvergleichliche Power hat. Darin und nur darin liegt

Safety Fast, echter High Speed, der nicht gegensteuern muss, keine Boxenstopps braucht, keine Kollisionen und keinen Leerlauf befürchten muss, immer im richtigen Drehmoment ganz vorne ist. Das schafft nur authentische Schnelligkeit, die sich ihrer Kraft sicher ist, wie geschmiert läuft und nicht im Verkehr stecken bleibt, weil sie auf ihrem eigenen Weg das Tempo macht.

Sind Sie noch da?

Am Anfang stand die Frage: Wie kann man eine Unterhose beschleunigen? Es gibt drei Möglichkeiten.

1. Der klassische Weg. Der berühmte Rennfahrer mit scharfem Kinn und rotem Auto. (Kosten: ca. Siebenstellig)
2. Der interessante Weg. Die Rakete. Das hatten wir schon.
3. Der Eintritt in den Mikrokosmos.

Schön, dann geben Sie jetzt mal Gas und folgen uns zur nächsten aufschlussreichen Entdeckung durch bruno banani. Im Jülicher Forschungszentrum fand die Designermarke am 13. Juni 2002 heraus, wie schnell eine Unterhose sein kann. Was glauben Sie? Kann eine Unterhose schneller sein als Ihr Wagen? Schneller als der Weltmeister über 100 m? Fixer als ein Düsenjet? Schneller als jedes Sonderangebot? Langsamer? Was meinen Sie? Vergessen Sie´s. Wenn Sie nicht dabei waren oder anschließend in der Presse bereits darüber gelesen haben, können Sie es nicht wissen und schon gar nicht ahnen. Ihren Wagen könnten Sie bis über die Grenze der Selbstzerstörung treten, Sie hätten nicht den Hauch einer Chance. Egal wie viel Pferdestärken unter seiner Haube sind. Leichtathleten können ihre Schuhe deshalb gleich im Schrank lassen. Selbst Düsenjets, ja selbst erwachsene Düsenjets, die schon über die Schallmauer kommen, würden sich nur lächerlich machen. Das eine oder andere Sonderangebot hätte vermutlich noch die besten Karten. Wenn man sich manche Leute ansieht, wie sie auf „Unglaublich! Attraktive Herren-Socken im Zehnerpack jetzt nur 2,99!" reagieren, bleibt einem wahrlich die Spucke weg.

Unter der Leitung von Diplom-Ingenieur Rainer Hölzle wurde im Forschungszentrum Jülich zunächst eine Short aus der Serie „Your Active Underwear" in ihre kleinstmöglichen Teile zerlegt. Anschließend wurden die Teile im Teilchenbeschleuniger auf Touren gebracht. Ermittelt wurde eine Geschwindigkeit von 239 Millionen 697 Tausend 9 Hundert 64 Komma 948 Kilometer pro Stunde. Was sagen Sie jetzt? Das Ergebnis sagte jedenfalls viel zu dem Materialtest und der Fast-Lichtgeschwindigkeit von 239.697.964,948 km/h, die auf dem Tacho der Teilchen standen: bruno banani ist die schnellste Designermarke der Welt.

…r Wasser, im All, auf dem LKW

…nani geht die nächsten Schritte auf dem Weg zur Komplett-Marke

…hosen haben schon so …ebt: Sie sind in den …flogen, haben Kamel- … Wüste und Bungee- … Düsseldorf mitge- …mussten den Druck- …n im Bermuda-Drei- …ten. Und das alles mit …let der Hersteller die- …rüften" Wäsche, die … Bruno Banani GmbH. …ränkt sich das Unter- …on lange nicht mehr … Wäsche. Sechs Jahre …ndung 1993 hatte Ge- …r Wolfgang Jassner …s Lizenzen vergeben …e: „Wir haben den …n Komplett-Anbieter

…zenzen. Das Unter- …no Banani ist ein Mar- …omen, das statt auf …Werbung auf spektaku- …und trendiges Design …n vergangenen zwei …s um die Marke etwas …orden. Tatsächlich sei … Bruno Banani weiter- …rgauf gegangen, ver- …enchef Jassner. Zu den … Lizenzen für Uhren, …muck und Duft kamen …ngenen Monaten neue …r Herrenschuhe, Da- …Herrenstrümpfe, einen … und eine Beauty- … Serie hinzu (TW 23, S. …gebot an Oberbeklei- … komplett neu ausge- …dem jetzt die Zusam- …mit dem frä… …ernehmen … GmbH & Co… …der Auslieferung der …ommer 2002 beendet … Oberbekleidung soll …iner Hand liegen", er-

Gesichert mit Ketten, Strick… beim Bruno Banani-Shootin… auf der Laderampe eines LK…

ne junge Marke, die in diese… reich auch positioniert sei. „… Wäsche liegen unsere Stä… Der nächste Schritt muss sein… sere Ideen und Innovationen in … dere Bereiche hineinzutrage… Dass dies funktioniere, zeige … Erfolg des Damen- und Herre… duftes.

Internationalisierung

… habe im Jahr 2001 von 19,1 auf 27,1 Mill. Euro gesteigert werden können, erklärt der Unternehmenschef. Ein Drittel des Umsat-

…Von… Mit… Sie… U… ban… wird… sam…

BILD, 02.08.2002 – Leipziger Volkszeitung, 03.08.2002 – Stuttgarter Nachrichten, 15.08.2002 – TextilWirtschaft, 13.06.2002

…er sehen Sie …e schnellste …terhose der Wel…

…SCHÄFFNER …ll kommen …t… …von bruno (in Sachsen) …ach nur …

grund. Und jetzt die „schnellste Unterhose der Welt".
Im Forschungszentrum Jülich wurde sie in …

keits-getestet. Wenn Sie selbst mal testen wollen: Die besten Stücke d…

Jetzt kommt Lebe…

…Firma „bruno banani" stellt K…

…antik kontra Realismus …Mode zwischen Ernsthaf… …ung. So könnte man am …der neuen Saison um… …acher sind sich sicher, …von diesen beiden Po… …nz der Ernsthaftigkeit …spiegeln die neuen …irmen die Befindlich…

…vor neun Jahren ge…

– Internationa… monstrieren Mä… ckes aus der W… derwear". Mit … Grund steht d… Kollektion aus … sche Aktualitä… triot wird zu … Shirt oder Ta…
Nicht nur … tiert die Se…

Streiflichter

Die schnellste Unterhose kommt von Stoll-Fischbach

Ideen muss man haben, wer kennt den Ausspruch nicht? Eine „saubere" Idee hatte die Herrenberger Agentur **Plenum Stoll und Fischbach**: Sie präsentierte die „schnellste Unterhose der Welt". Und das liest sich so: Die bruno banani underwear GmbH, Chemnitz, hat einen weiteren Extremtest erfolgreich bestanden: Im Juli 2002 zündete das unkonventionelle Lifestyle-Label den Turbo und unterzog seine Underwear einem Hochgeschwindigkeitstest.

Schauplatz der von plenum stoll & fischbach Communication entwickelten Aktion war das Forschungszentrum Jülich. Im Teilchenbeschleuniger erreichten die Protonen einer Short der Serie „Your Active Underwear" die sagenhafte Energie von 24 MeV (Millionen Elektronenvolt). Mit umgerechnet 239 697 964,948 Stundenkilometer beziehungsweise 66 582 768,0411 Meter pro …de verfügt **bruno banani** jetzt offi… schnellste Unterhose …

…oto-Welt

…nani (CH-Ver… …ntur, Wollerau) …anders zu sein als … immer auch die …Sommer 2003 gibt …chwindigkeitsrausch …pmodels Gloria Wong …e posierten auf der La… …s rasenden Lastwagens, … Ketten und Gummiseilen …en. Der Stuttgarter Fotograf …merer zeichnet für die Bilder …lich, die beim schnellsten …lt entstanden. Die … Bruno-

Die schnellste Unterhose der We…

Die für unkonventionelle A… nen bekannte Unterwä… Marke hat nach dem Weltr… test auf der Station „Mir" … einer Tauchexpedition in … Meter Tiefe im Bermuda-D… jetzt eine Unterhose im Te… beschleuniger des Forsch… stitutes von Jülich getes… Teilstück der Hose errei… ei eine Geschwindigk… 239 697 964,948 km/h. …pricht etwa 22,2 Pro… …chtgeschwindigkeit.

…ine Designer-

…r. im A…

Das Fotoshooting zum Speed Proof

Speed Proof – Fastest Designer Brand In The World: bruno banani!

Man hätte zur Feier des Tages eine Zündkerze anstecken können. Doch bruno banani machte sich lieber eilends auf, dem Erfolg marktgerecht zu huldigen.

Beim fastest fotoshooting of the world. Bernd Kammerer, Fotograf, gerne on the road und alles andere als langsam, wurde verpflichtet, mit ihm Top-Model Gloria Wong, bestens geeignet für diese Formel Won, sowie Patrick Saxe, ebenfalls Model, super und schnell. Abgesichert lediglich durch Stricke, Ketten oder Gummiseile, machten sich die Models auf der Ladefläche eines Trucks bereit, sich von den Fliehkräften in die Kurven tragen zu lassen.

Dann grünes Licht. Der Lkw ließ den Pferdestärken freien Lauf und nahm das quicklebendige Race auf. Ein phantastisches Shooting mit bewegenden Momentaufnahmen der eben erst mit dem Speed Proof-Qualitätssiegel gekürten „Your Active Underwear"-Kollektion. Ein Programm, das als neuer vibrierender Renner im Markt, als murder on the fachhandelsfloor für umwerfende Umdrehungen sorgte und den POS zum Point of Speedsale machte. Auf solche Lösungen will der Kunde abfahren. Er will kein stummes Underwear-Material, er will eine Botschaft erhalten, eine Innerlichkeit der Marke spüren, die ihn berührt. Buying by loving.

photo Bernd Kammerer **model** Gloria, m4 models – Patrick, m4 models

Die Aktion:
SPEED PROOF (Forschungszentrum Jülich, Juli 2002)

Die Mission:
Wie schnell kann eine Unterhose sein?
Beschleunigung der Kollektion YOUR ACTIVE UNDERWEAR in einem Teilchenbeschleuniger.

Das Ergebnis:
bruno banani ist mit 239.697.964,948 km/h bzw. 66.582.768,0411 m/s Fastest Designer Brand in the World und erhält das Speed Proof Zertifikat.

Gesamtkontaktzahl: 47.275.101

Auszeichnungen:
PR Report Awards 2003: Shortlist in der Kategorie „Consumer Marketing“ mit dem PR Projekt „Speed Proof“.

Zehn Jahre bruno banani.
Ein Jahr Vote & Win.

bruno banani wird in 2003 zehn Jahre alt. Es heißt so, auch wenn man nicht alt ist und selbst in 1000 Jahren nicht würde. „bruno banani wird zehn Jahre jung“ ist schlicht blöd. Vieles Innovative und Revolutionäre wurde geboren im ersten bruno banani-Jahrzehnt, doch den Lauf der Zeit kann auch bruno banani nicht ins Gegenteil verkehren. Gut so, denn sonst würde man zwangsläufig wieder in einem Kreißsaal landen, in dem lediglich ein warmes Bad genommen werden kann. Was ist das? Ein Ausgangspunkt, mehr nicht. Sodann, raus hier, älter werden, entdecken, groß werden. Außerdem impliziert die „wird zehn Jahre jung“-Aussage, dass man alt war oder ist und jetzt jung wird. Anders würde es keinen Sinn machen. Blödsinn also. Unsere Marke wird zehn Jahre alt, sie feiert ihr zehnjähriges Jubiläum, 1993 – 2003 bruno banani ten years after, wie Sie wollen. Das Motto, das zu diesem Anlass natürlich entworfen wurde, erfahren Sie gleich. Versuchen Sie, bis dahin so jung wie möglich zu bleiben.

Viele wurden und werden zehn, ständig wird zehn geworden, ein harmloses Alter gefeiert, schiedlich, friedlich, niedlich. Mit zehn wird man nicht gefragt:
Willst Du nicht mal in die Puschen kommen?

Mit zehn wirft einem keiner vor: Was hast du mit deinem Leben schon angestellt. Läuft die Marke oder das Unternehmen halbwegs ordentlich ist die Welt mit zehn noch völlig in Ordnung.

Ist ja auch in Ordnung. Jedoch: Not for everybody, nicht für bruno banani.

bruno banani kam auf die Welt, so wie es sich – Hand aufs Herz, falls Sie Kinder haben – richtige Mütter und Väter manchmal von ihrem eigenen Nachwuchs wünschen: als erwachsener Held. Es ist so erfüllend, so schön, so ungeahnt sinngebend, zweifellos, jedes Alter. Keine Sekunde möchte man missen, eine Hinzufügung respektive ein Abschluss jeder Unterhaltung zwischen Eltern, die sich über ihre Kinder unterhalten, dabei vom täglichen Erziehungs- und eigenen Überlebenskampf erzählen, in dem auch der Partner – wie heißt er doch gleich? – zum zusehends erschlaffenden Mitkrieger wird, süß, einfach süß. Nein, was haben wir für einen Spaß, für eine tolle Zeit, währte sie doch hundertmal so lange. Damit wäre es auch hier gesagt, nur damit Sie nicht schlecht über uns denken. bruno banani kam als Profi auf die Welt. Ein natürliches Ereignis, da von Profis entbunden, und budgetkausal.

Den Satz kennt jeder: Es war nicht viel Geld da, er musste schnell lernen, auf eigenen Beinen zu stehen. So war das. bruno banani durfte nur als Profi auf die Welt kommen, anders hätte es überhaupt nicht funktioniert.

Marken führen im Gegensatz zu richtigen Kindern nur das Eigenleben, das ihnen die Verantwortlichen – jedenfalls im Grundsatz – auferlegen. Bei unseren menschlichen Augäpfeln mischen in der Regel viele Generationen von Leuten mit, Verwandte, manchmal gänzlich unbekannt, man kennt sie nur vom Hörensagen, dazu Lehrer, Dozenten, Ausbilder und weiß Gott wer noch. Besonders so lange das Kind klein ist, stellt sich immer dann, wenn ein neuer Charakterzug entdeckt oder ein neues Fenster eingeworfen wird, die Frage, von wem hat es das? Eine häufig gestellte Frage, meist in Situationen, die ungut sind. Und meist ist man sich uneins und die Frage bleibt offen. Ein großer Unterschied zu guten Markeneltern. Die Erfolg versprechende Erziehungsbefugnis liegt in wenigen kompetenten Händen, die ganz genau wissen, wie es geht und was aus der Marke werden soll. Wichtig, Ausrufezeichen, Ausrufezeichen, Ausrufezeichen! Daneben gibt es „nur" noch die zahlreichen Einflüsse aus der Lebensteilnahme der Marke. Diese wirken sich auf ihre Entwicklung mal stärker mal schwächer aus, weshalb die grundsätzliche Linientreue so bedeutend ist. Ohne sie würde die Marke wie ein Stück Holz im Wasser dem Spiel der Wellen hilflos ausgesetzt sein, hin und her geschleudert werden, bis es untergeht oder strandet und weggeworfen wird. Mit etwas Glück findet sich vielleicht noch ein Hund, der damit herumtollen kann und ihm den Rest gibt. Modische Unterwäsche oder gar Designer-Underwear dümpelte bis vor zehn Jahren, mit Ausnahme weniger internationaler Märkte, mehr oder minder nur so vor sich hin. Auf dem Trockenen wäre Unterwäsche trotzdem nie gelandet, dazu ist das Produkt schon seit jeher zu elementar in unserem Leben eingebettet. Mit der Gründung von bruno banani aber wurde das Thema mit einem Eimer eiskalt erfrischendem Wasser aus den Federn geholt und zack, bumm mit Design-Tatsachen konfrontiert, so dass es zur Sofort-Erregung kam. Die Wirkung hält ungebrochen an, mehr noch, die Marke wurde und wird zum immer größeren und wuchtigeren Erreger von immer größeren und wuchtigeren Erregungen. Der Markt der Designer-Underwear im Ausnahmezustand der Super-Erregung, das war es zu Beginn, gleich nach der Markteinführung bruno bananis.

Nach zehn Jahren bruno banani ist der Markt mit diesem Zustand bestens vertraut, nicht, weil er darin erstarrte, sondern weil er die täglich aus der Morgenröte aufsteigenden Erregungsimpulse als wunderbaren Treibstoff erkannte und nutzt. Das gilt für Endverbraucher wie auch für Wettbewerber, die das Geschäft beleben und miterregen, indem sie aus ihrem Denken die Bremskraftverstärker entfernten, designisch wurden und so Vergleichbarkeit herstellten. Darauf ein Ständchen, zum Jubiläum einer unvergleichlichen Erregung. Und da es komisch wäre, sich selbst eines zu singen, richten wir es an die Adresse, ohne die alles schwerlich möglich gewesen wäre:

Happy Birthday to you, happy birthday to you, happy birthday dear underwear, happy birthday to you.

Zehn Jahre bruno banani. Man hätte sich bei der einen oder anderen Gelegenheit hinstellen können, von der Strategie, den Maßnahmen und der Aktivität der Marke einfach erzählen können. Man hätte es trotz der Fülle an

Bemerkenswertem dabei kurz machen können, sich auf das Wichtigste beschränken. Das vorliegende Buch hat jedoch nichts anderes getan. Für eine Rede also einfach zu viel Stoff. Lange Reden halten ist zudem atypisch für bruno banani. Eine spektakuläre Markt-Erregungsaktion ins Leben rufen ist dagegen sehr typisch für die Marke und deshalb feiert sie ihren Geburtstag auch nicht anders als so.

ISS Nikolai da?
Ja. Wer fragt?
bruno banani.
Oh, neue Space-Tests?
Nein, wir suchen eine Stadt.
Eine Stadt? Hier oben?
Nein, hier unten.
Häh?
Doch, doch. Wo ist Nikolai?
Sucht ihr eine Stadt oder Nikolai?
Erst brauchen wir Nikolai.
Und dann?
Dann gibt er einen Startschuss.
Einen Startschuss?
Ja, genau.
Und die Stadt?
Die wird darauf hin gesucht.
Bei euch auf der Erde ...
Exakt.
Sehr außergewöhnlich.
Jo.
Ah, da kommt Nikolai.
Schön.
Gut, dass ich weiß, dass bruno banani irgendwie anders ist.
Das freut uns.
Ich würde sonst die Verbindung kappen.
Wir sind wirklich sehr froh, dass Sie bruno banani kennen.
Ich verbinde. Viel Erfolg bei eurer Suche!
Vielen Dank!

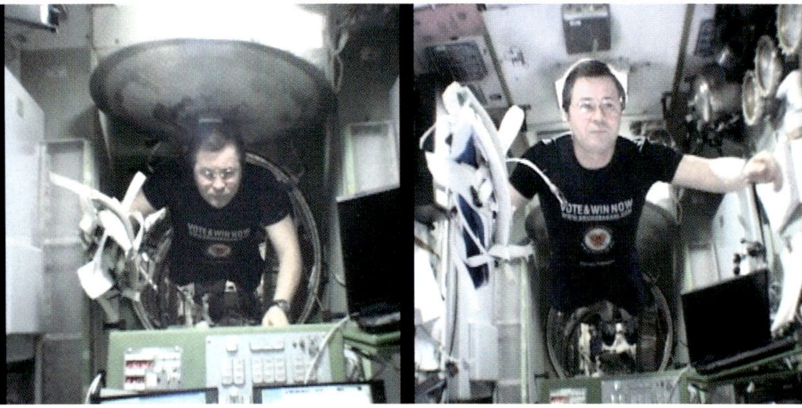

Nikolai Budarin startet das erste Gewinnspiel aus dem All

Und so löste bruno banani zum zweiten Mal ein Ticket ins All, nachdem man mit dem sympathischen russischen Fern-Fahrer Nikolai Budarin bereits 1998 bestens zusammenarbeitete, als bruno banani umfangreiche Materialtests auf der Raumstation MIR durchführte und anschließend als erster Hersteller seine Underwear mit dem Qualitätsprädikat „Space Proof" auszeichnen konnte.

Diesmal ging es zur International Space Station ISS. Dort gab Bordingenieur Nikolai Budarin am 1. Mai 2003 das Zeichen, mit dem das einzigartige Gewinnspiel zum zehnten Geburtstag der Marke beginnen konnte:

VOTE & WIN!
VOTE YOUR BRUNO BANANI CITY!
WIN FUNTASTIC PRIZES!

Bei einer Entfernung von über 400 Kilometern zur Erde schied für den Startschuss ein ausgedehnter Weltraumspaziergang und das Abfeuern von Leuchtraketen auf die Erde aus.

Wir entschieden uns dafür, ausgewählte, mit dem Aktionslogo bedruckte Kollektionsteile am 26. April 2003 zum Weltraumbahnhof Baikonur, Kasachstan, zu bringen, wo sie Kommandant Juri Malentschenkow übergeben wurden, der

sie mit seiner Sojus Rakete zur ISS brachte, auf der sich Nicolai Budarin schon hübsch machte, um sich mit den Shirts fotografieren zu lassen und die Bilder wieder zur Erde zu senden, wo sie auf bruno bananis Homepage den visuellen VOTE & WIN-Startschuss abgaben.

Diese und viele andere Motive des Transports zur ISS, der Übergabe und des ganzen Prozederes der erstmals überhaupt von einer Marke im Weltraum gestarteten Gewinnaktion wurden auch filmisch dokumentiert und in verschiedenen Werbemitteln kommuniziert. Denn bruno banani-Aktionen sind so rund wie der blaue Planet.

Gesucht: Die bruno banani City 2003.

Im Zeitraum zwischen dem 1. Mai 2003 und 10. November 2003 wählt die Welt die bruno banani-City. Auf der Website der Marke gibt es dazu die Möglichkeit durch virtuelle Stimmabgaben per E-Mail und SMS aus einem Spektrum vorausgewählter bruno banani-Towns eine bzw. seine Stadt zu wählen. Da das Buch vor Ablauf des Termins in Druck ging, kann an dieser Stelle der Name der Siegerstadt leider nicht genannt werden. Feierlich ausgerufen wird sie im Rahmen des großen Jubiläums-Events am 10.11.2003.

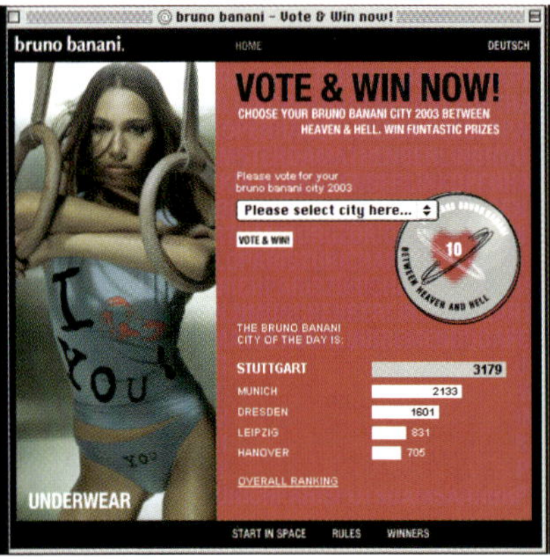

Vote & Win Now: Auf der Suche nach der bruno banani City 2003, Stand Juli 2003

Doch nicht nur einmal beispielsweise LONDON brüllen und das war's. Die gewählte, ultimative bruno banani-City bekommt eine spezielle, entsprechend ultimative City-Party in Kooperation mit einem lokalen Ultimativ-Club plus jede Menge Outfits, Beauty-Equipments und vieles mehr. Bis es so weit ist und das Voting im Verlauf von 2003 abgeschlossen sein wird, kann jederzeit der aktuelle Stand bis zur Entscheidung im Internet eingesehen werden. Mitfieber-Time.

Athen führt, gestern scheinbar noch abgeschlagen, heute ganz vorne, und London, hmmmm, London kommt, London holt gewaltig auf, was macht Berlin? Mal die Bekannten anrufen. Hey, wählt Eure Stadt, lest ihr kein Stadtmagazin?, keine Zeitung? Geht ihr nicht shoppen? Auf Schritt und Tritt stößt man doch auf Anzeigen, Cards und ganze Pakete voller VOTE & WIN-Promotions! Überall, ob ihr Underwear oder was anderes Marke bruno banani kauft, wollt ihr es besonders spannend machen? Wollt ihr die Party nicht? Wollt ihr die Preise nicht? Hmmmm, London wird immer stärker, jetzt aber los!

Auch während der Aktion werden ständig Jubiläums-Pakete über den Fachhandel unter allen Teilnehmern verlost. RambaVOTE und ZambaWIN zum zehnten Geburtstag von bruno banani, mit allen Lizenznehmern der Marke, mit über 5 Millionen erwarteter Kontakten allein durch diese Aktion, die dem Jubiläum zwar gerecht wird, aber noch ein, zwei Fragen beantworten muss, die Sie sich vielleicht stellen:

Warum eine Städtewahl als Jubiläumsaktion? Wählen wir denn nicht schon dauernd und überall, aus Speisekarten, aus Urlaubszielen, aus dem politischen Spektrum, aus tausenden von Fernsehprogrammen, aus Brüsten, Nasen und anderen Körperteilen, aus Gewinnzahlen? Jede Sekunde stellt einen scheinbar vor eine neue Wahl, immer diese Wählerei, Abstimmerei, Daumen hoch, Daumen runter, Daumen hoch, Daumen runter. Und jetzt lässt bruno banani auch noch eine Stadt wählen? Warum keine Schonung?

Weil Wählen zutiefst demokratisch und individuell ist. Jeder bekommt die Macht in die Hände gelegt, die Entscheidung zu beeinflussen, freiwillig.

Das ist reizvoll und macht Spaß, weil es zudem verbindet: die Abstimmenden untereinander, die Abstimmenden und ihre Stadt sowie ganz besonders die Abstimmenden und bruno banani, in jeder Stadt durch den Fachhandel vertreten. Damit alle vom Wahlspaß angesteckt werden, funktioniert das Ganze weltstädtisch einfach, man hat ja noch vieles andere zu tun. Also wenn man ohnehin auf der Homepage von bruno banani ist, dann gibt man mit einem kleinen Klickidiklick noch seine Stimme ab und verfolgt ab sofort wie sich die Sache entwickelt. Keiner wird in einen Kindergarten, eine Schule oder ins Rathaus eingeladen, keiner muss seinen Ausweis abgeben, hinter einem Vorhang verschwinden und Kreuzchen machen. Zur Antwort auf diese erste Frage gehört aber auch noch ein Aspekt: Die internationale Städtewahl zeigt das kosmopolitische Bewusstsein der Marke sehr gut.

Die zweite Frage, die Ihnen unter Umständen keine Ruhe lässt, lautet: Warum steht im Aktionslogo 10 YEARS BETWEEN HEAVEN AND HELL? Wie es scheint, ging es doch immer nur bergauf. Wenn sich aber jemand zwischen Himmel und Hölle bewegt, dann ist er doch eigentlich hin- und hergerissen, Ausgang offen, mal himmelhochjauchzend, mal zu Tode betrübt. Besser ist es, die Hände von so einem Kandidaten lassen, eine unsichere, sehr unsichere Sache. Stimmt. Es ging immer bergauf.

10 YEARS BETWEEN HEAVEN AND HELL heisst: bruno banani lebt! Auf der Erde, leibhaftig. Das kann ganz sicher keiner von sich behaupten, der einen Wohnsitz entweder im Himmel oder in der Hölle bezog. Zwischen Himmel und Hölle ist der Alltag, zwischen Himmel und Hölle spielen sich all die stinknormalen, tollen, liebenswerten, haarsträubenden, verrückten, tragischen, ekstatischen, brillanten, geilen, bescheuerten, imponierenden, vorbildlichen, unverwechselbaren, unerklärlichen, bahnbrechenden, begeisternden, substanzhaltigen, wertvollen, wertlosen, netten, kleinen und großen Dinge ab, die es sonst nirgendwo gibt.

Nur between heaven und hell.

Wie das 10-jährige Jubiläum von bruno banani. Und alle künftigen.

Die Aktion:
VOTE & WIN NOW. (Internationale Raumstation (ISS), April 2003)

26. April 2003: Start der Sojus-Rakete TMA-2 vom Weltraumbahnhof Baikonur, Kasachstan.

Die Mission:
Start eines Gewinnspiels im All: Der Kosmonaut Nicolai Budarin gibt aus dem All das Startsignal für das Gewinnspiel VOTE & WIN NOW.

Das Ergebnis:
Oxygen light bewährt sich auch im zweiten Weltraumtest und widersteht den extremen
Beschleunigungskräfte von 8 G beim Wiedereintritt in die Erdatmosphäre.

Gesamtkontaktzahl: 168.235.926
Stand: Juli 2003

Was heute viele wissen, war bei bruno banani von Anfang Strategie: Vor den Trends kommen Events.

Wir haben Ihnen jetzt einige von vielen Events vorgestellt, die von bruno banani seit der Gründung der Marke initiiert wurden und zu großartigen Auszeichnungen sowie dem Recht führten, die Underwear-Programme der Marke mit entsprechenden Qualitätssiegeln zu versehen. Fassen wir das Vorgestellte kurz zusammen:

- Frozen Souls & Beating Hearts – Snowboarding bei -10°C – für echte Fans ist bruno banani pur das perfekte Outfit in Colorado.

- „10.000 km Adventure testet – Ultimate Quality!“ – bruno banani begleitet eine spektakuläre Expedition durch Afrika.

- Eco Challenge – Aufstellung und Ausrüstung des „bruno banani Team Germany“ für die härteste Natursportart und das größte Adventure Race der Welt.

- Bungee Championship – bruno banani veranstaltet die ersten Bungee Jumping Championship in der Schweiz. Premiere feierte dabei auch der bruno banani Sports & Adventurepark, der erste Freizeitpark dieser Art, den eine Designermarke ins Leben rief.

- Space Proof – bruno banani schießt eine Underwear zur russischen Raumstation MIR ins Weltall und führt dort bislang einzigartige Materialtests in der Schwerelosigkeit durch.

- Time Tunnel Project – Markteinführung einer neuen Watch-Generation, die im Windkanal cW-Rekordwerte erzielte.

- „First designer brand on the top of the world“ – Der Gipfelsturm Dieter Porsche ohne Sauerstoffmaske am Mount Everest wird von bruno banani ausgestattet.

- Pressure Proof – In 4.800 Meter Tiefe, mitten im Bermuda-Dreieck testet bruno banani die Drucktauglichkeit einer neuen Faser.

- Speed Proof – Im Forschungszentrum Jülich holt sich bruno banani den Titel „Fastest Designer Brand In The World“.

- Vote & Win Now: Back in Space. Zum zehnjährigen Jubiläum startet bruno banani als erste Marke ein Gewinnspiel direkt aus dem All.

Die Liste weiterer Beispiele, in denen sich bruno banani durch Events zum Seismograph neuer Trends machte, ließe sich mühelos verlängern. Statisterie steht der Marke nicht, steht keiner Marke. Events um der Events willen führen ebenso wenig zu irgend etwas. Sie müssen gänsehauterregende Nahaufnahmen des spezifischen Markenkerns sein. Die bewegende Energie, die dabei abgegeben wird, kommt in Form x-fach potenzierter Ladung zurück. Als entsprechende Nachfrage-Batterien im Dauerbetrieb und vor Power berstende Markentreue-Akkus.

Nicht in jedem Event-Fall muss neue Energie nachgeschoben werden. Flops sind zwischendurch absolut drin. Müssen vielleicht auch sein, gleichwohl sie keiner plant oder will. Aber letztlich, wenn sie objektiv und richtig analysiert werden, treiben sie den Beat der Marke beständig in die Zukunft.

Der Weg ist das Ziel und auf dem gehört zur fortwährenden Frischzellenkur der Markenpersönlichkeit von bruno banani auch Sponsoring.

Stev Theloke und Wolfgang Jassner

Schwimm-Europameister Stev Theloke

Sponsoring.

Irgend jemand hat einmal gesagt: You can take a girl out of a Bauernhof, but you can't take the Bauernhof out of a girl. Damit soll zum Ausdruck kommen, was im Verlauf dieses Buches immer wieder angesprochen wurde. Einen Mantel, egal welchen Kolorits sollte kein Kern tragen. Auch die schönste Kulisse lenkt nur kurzfristig von der Wahrheit ab, die dann umso schonungsloser demaskiert wird. Getue!

Warum gehen Politiker vor Wahlen in Discotheken, obwohl es ihnen davor schon meilenweit anzusehen ist, dass sie nicht die geringste Lust dazu haben? Wir wissen es nicht. Wir wissen nur: Würden sie denjenigen, die gerne in Discos gehen viel Spaß wünschen und ehrlich zugeben, dass sie persönlich andere Freizeitbeschäftigungen vorziehen, wären mehr Stimmen gewonnen als so. Wenn sich bruno banani als Sponsor von Unternehmen oder Personen in der Öffentlichkeit blicken lässt, die sich nur oberflächlich und ungenau präsentieren, würde die Marke ebenso dilettantisch und flüchtig wirken.

Verstehen Sie uns nicht falsch: bruno banani sponsert nicht die Mensch gewordene Perfektion. bruno banani will Ecken und Kanten, die jedoch ein urwüchsiger Individualismus entfalten muss, kein Lookalike eines Individualis-

Olympiasieger/Weltmeister: Bahnradfahrer Jens Fiedler

Gleitschirmflieger Achim Joos startet für buno banani

mus. So sind exzessive, wilde, maßlose, hemmungslose und auch undisziplinierte Charakterzüge potenzieller Sponsorpartner für bruno banani grundsätzlich kein Problem.

Diese charakterlichen Beifügungen sollten allerdings nur Begleiterscheinungen ihres Wesens, ihrer Ziele und ihres Tuns sein, das im Vordergrund ihrer Präsenz erkennbar sein muss. Sie müssen dabei auch nicht reich, schön oder bereits weltbekannt sein, sie müssen einfach passen. Gegenseitig muss es passen. Beim Sponsoring liefern sich beide Parteien ein gutes Stück weit aus, des einen Imageprofil wird plötzlich Teil des anderen und umgekehrt. Umso sensibler und umsichtiger sollte ein Sponsoring aufgebaut werden.

Nicht so: Hey, wir hätten da 50.000 Euro, du kriegst für die nächste Saison die Vollausstattung, perfekte Unterstützung, PR-Beratung, das ganze Programm, verstehste, alles klar? Dann sind wir im Geschäft? Das wären Verhandlungen, die nur mit einer mehrjährigen Verstandesdiät dem Markenkern zu erklären wären. Falls Sie sich zufällig gerade mit dem Thema beschäftigen, denken Sie daran.

Dem Sport fühlt sich bruno banani am nächsten. Vermutlich weil hier mit die meisten Emotionen pur ausgelebt werden, Leistung hier echte Feuerbilder malt. Zum Beispiel die Klitschkos, Gleitschirmflieger, Bahnradfahrer, Europameister, Face of the Web und buddhistische Mönche. Kurz:

Short effective stories.

Die Klitschkos und Karolina Kurkova sind Beispiele, die für bruno banani im Einsatz sind. Menschen, die in der gesamten oder „nur“ in ihrer Öffentlichkeit ziemlich bekannt sind und Typen verkörpern.

Achim Joos, der Gleitschirmflieger ist ein weiteres Beispiel. Der aus Schwabach bei Kempten stammende 22-Jährige – Moment, da steckt das Fliegerische doch schon ein wenig drin, Schwabach, Schwalbach, Sie verstehen und kommen hoffentlich nicht aus Kuchen, falls ja, abnehmen! bruno banani führt noch keine Sondergrößen! – ist Mitglied der deutschen Nationalmannschaft und gehört zur Sportfördergruppe der Bundeswehr. 1999 wurde Ach-im Joos Zweiter der Deutschen Meisterschaften und landete am Ende des Jahres in der Weltrangliste auf einem Platz unter den Top Five.

Gleitschirmfliegen gehört zwar nicht zu den Sportarten, die Millionen von Menschen zu den Wettkämpfen locken, Straßen fegen und im täglichen Sportteil jeder Tageszeitung Spalten füllen. Dafür ist es eine Sportnische, die es nicht nötig hat darüber in die Luft zu gehen. Sie fliegt ihren anspruchsvollen Leistungs- und Espritfaktor, in und mit sich zufrieden aus.

The fastest short effective story.

Bahn frei für Olympia. Auf zu den olympischen Sommerspielen 2000. Dort sponserte bruno banani das XXL-Team im Bahnradfahren. Am Start mit bruno bananis „Your Dynamic Underwear“ waren Jens Fiedler und Jan van Eijden, schönstens und dank Atmungsaktivität bestens ausgerüstet.

Wie auf die Körper der Radler gegossen lagen, so auch die Underwear, und sie beteiligte sich am Strampeln aufs Treppchen, auf dem zwei Bronze-Medaillen verliehen wurden. Die Jungs waren superfit in den Pedalen und wir gratulieren auch an dieser Stelle noch mal. Mit bruno banani hatten sie jedoch nicht nur die richtige Underwear auf den siegeswilligen Leibern, mit der Markenausstrahlung hatten sie auch gleich einen Trainer mit im Sattel. Pausenlos kommunizierte die „Not for everybody"-Powerwirkung: Deine Oberschenkel platzen gleich, ein Gefühl, das dir maximale Befriedigung beschert, denn du weißt, dass Siege brennen müssen, vermutlich fängt am Strand demnächst auch das Beachvolleyball-Turnier mit den wenig bekleideten, attraktiven Damen statt, was dir vollkommen egal ist, weil du mit jeder Faser deiner Muskeln und deines Willens nur hier und nirgendwo anderswo sein willst, um deinem Drahtesel aber so was von in den Hintern zu treten. Also, sieh noch mal auf deine „Quant", die aerodynamische, futuristische bruno banani-Watch, die im Wandkanal mit einem cW-Wert von nur 0,39 getestet wurde und du weißt was die Stunde geschlagen hat. Und das Team wusste, was die Stunde geschlagen hatte, es nannte sich ja so: XXL.

One more short effective story.

Attention, pretty wet: Aber auch für Stev Theloke ging es nur um Höchstleistungen. Seinen Namen spricht man ein wenig aus wie „Nimm deine Locken aus meinem Tee", bloß auf englisch, dabei kommt er aus Chemnitz, ist einer der größten Schwimmstars der Gegenwart und seit August 2002 mit bruno banani-Outfits in der Öffentlichkeit und im Wasser. Bei der Europameisterschaft 2002 in Berlin stellte der Swimmingpool-Schummi einmal mehr seine Topform unter Beweis, holte sich den Titel und feierte gleichzeitig einen neuen Europarekord über 100 Meter Rücken. Die kürzere Rückendistanz über 50 Meter beendete Stev mit der Silbermedaille und mit der 4 x 100 Meter Lagen-Staffel gab es zum Abschluss noch Bronze.

Als sympathischer Winner, der nicht nur während einer Saison oder eines Wettbewerbs für Aufsehen sorgte, sondern seit Jahren konstant ganz oben schwimmt, passt Stev Theloke perfekt zu bruno banani. Aus diesem Grund wurde auch eigens eine exklusive Swimwear-Kollektion „Stev Theloke" mit Shorts, Minis und Tangas an den Start gebracht. Innovativer Material-Mix, der jede Waterworld aufwertet; eine Schnittführung, von der Haie glauben, dass es sie jetzt getunt gibt; und eine Passform mit integrierter Bewegungsfreiheit für jede Extratour.

The most attractive of the short effective stories:

bruno banani sponserte den Internet Model-Contest „Face of the Web“ im Jahr 2000. Der Wettbewerb fand ausschließlich im Cyber Space statt, in den die besten Modelagenturen Europas ihre Models schickten. Eine speziell eingerichtete Sahneschnittstelle präsentierte die Schönen auf einem virtuellen Laufsteg mit eigener Mainpage.

Von jedem Model war dort auch ein auf der EXPO 2000 in Hannover gedrehter Videoclip eingestellt, der die Models in bruno banani Designer-Underwear präsentierte. Jeder Vorbeisurfende konnte sich so ein super Bild von der pretty Cybercrew machen, per Mausklick seine Stimme abgeben und das Ranking täglich mitverfolgen.

Dadurch war Spannung bis zum Schluss garantiert, von der sich die User zwischendurch per Versenden digitaler Grußkarten der Models etwas erholen konnten. Schon zur Halbzeit des Wettbewerbs waren 731.595 Stimmabgaben zu zählen. Und wovon Germany traditionell beim Grand Prix de la Chanson nur träumen kann, erlebte Karina von der Agentur FH Promotion.

Stimmen en masse entfielen auf sie. Die elektronische Demokratie war sich einig und wählte Karina zur klaren Siegerin. Über 2 Millionen Menschen bildeten am Ende beim „Face of the Web"-Modelwettbewerb die Internet-Jury, an die bruno banani durch Verlosung schließlich noch attraktive Gewinne verteilte. Die erhielten auch die ersten drei Plätze des Contests.

Toll, wenn einen die Götter lieben! Erst wird man mit Schönheit überschüttet, dann prasseln der Platzierung entsprechend auch noch 10.000,–, 5.000,– oder 3.000,– DM bei der Modemesse IGEDO Body & Beach, am 7.8.2000 in Düsseldorf, auf einen herab. bruno banani begleitete die Aktion in dem Jahr zum zweiten Mal in Folge. Zu den Millionen von Kontakten allein dadurch kann man nur sagen: Doppelpunkt, Bindestrich, Klammer zu. Also Smile.

Shades für Nepal

The sunny side of the short effective stories:

Buddha, Sohn des Fürsten Suddhodana, verließ mit 29 Jahren seine Heimat um Erlösung zu suchen. Primär jedenfalls sicher nicht vor der grellen Sonneneinstrahlung, der man in den extremen Höhen des nepalesischen Vorlandes ausgesetzt ist und die der Gesundheit der Augen abträglich ist.

Doch gerade diese Tatsache veranlasste den Münchner Optiker Michael Deuschle im Juli 2001 in die Gipfelregionen des Himalaya aufzubrechen. Im Gepäck 50 bruno banani Shades für die Mönche des Lingshed-Klosters. Jedes Individuum und die von ihm erlebte Welt, so eine den Buddhismus insgesamt charakterisierende Lehre, entsteht durch Daseinsfaktoren, die in funktionaler Abhängigkeit voneinander einem Kodex folgend erscheinen und wieder entschwinden. Michael Deuschle war da, überreichte Augenschutzfunktionalität vom Besten und machte sich anschließend wieder auf den Heimweg.

Die EMNID-Umfrage: Ist Deutschland reif für eine neue Flagge?

Wir beauftragten das bekannte Marktforschungsinstitut EMNID damit, herauszufinden, wie es mit der Liebe zur deutschen Fahne aussieht, ob im Zeitalter der Globalisierung eine neue deutsche Flagge der richtige Impuls wäre, unsere kulturelle Flexibilität, Offenheit und Innovationskraft zu zeigen, oder ob wir das auch so, Schwarz-Rot-Gold beflaggt, hinkriegen.

Die Frage ist provokant, was sie auch sein muss, da die Provokation ideal ist, Denkkrusten aufzubrechen. Denn wer denkt schon über die Fahne nach, die seit rund 200 Jahren über unseren Köpfen und Rathäusern weht? Hand aufs Herz: Wussten Sie, dass Schwarz-Rot-Gold die Nationalfarben des deutschen Reiches sind, deren Entstehungsgeschichte die Uniform der Lützower Jäger – nicht vergleichbar mit unserer heurigen völkischen Existenz als Schnäppchenjäger – schrieb? Das Gewand der Lützower Jäger war schwarz, besaß rote Vorstöße und goldene Knöpfe. Nach den Befreiungskriegen trugen die Burschenschaften dann ihre Waffenröcke als Bundeskleidung weiter und gestalteten im selben Aufwasch auch gleich die deutsche Fahne so.

Wird unsere Fahne bei Olympischen Spielen gehisst, was dank des teutonischen Kampfgeistes häufig vorkommt, sind wir eins mit den darunter weinenden germanischen Kraftmenschen. Betrachtet man uns von außerhalb der Landesgrenzen, gibt es allerdings einige Images, die durchaus ins Wanken gebracht werden könnten. Wer möchte schon als Krautkopf verschrien sein, als jemand, der Gartenzwerge verehrt und pedantisch ordentlich ist?

Eine andere Flagge würde die Welt neu über Deutschland nachdenken lassen, gigantische Schiffsladungen an Bratwürsten für die Buden an den Strandpromenaden würden vielleicht erst mal nur optioniert werden. Möglicherweise würde man sogar annehmen, dass wir doch gewillt sind, den dortigen Sitten der Nahrungsaufnahme gegenüber aufgeschlossen zu sein. Der zehnte Jahrestag der Wiedervereinigung war für bruno banani die richtige Gelegenheit, die Flaggenfrage zu stellen, die eben für alles Deutsche steht.

Die Ergebnisse: Fast 30 Prozent der jungen 18- bis 24-jährigen Deutschen könnten sich eine neue Flagge als ein gutes Zeichen für die Offenheit Deutschlands und als wichtigen Schritt im Hinblick auf das zusammenwachsende Europa vorstellen. Für sie wäre es an der Zeit, dass auf unsere Masten eine neue Deutschland-Fahne aufgezogen wird und im Namen neuer deutscher Modernität wehen soll. Dass die Schwarz-Rot-Gold-gefärbte Flagge auch zukünftig als Symbol für Deutschland in den Wind gehört, sagten über 70 Prozent der Befragten.

Stachelt eine Designermarke eine solche Frage an, wird zweifellos vermutet, dass dahinter ihr Wunsch steckt, bei revolutionärem Ergebnis den Auftrag zu erhalten, das Design für die neue Flagge zu liefern. Dem war nicht so. Eine Deutschland-Flagge von bruno banani gestaltet? Wie würde sie aussehen?

Schwarz-Weiß vielleicht, was unsere Nationalmannschaften auch schon tragen. Eine Underwear als Wappen-Ersatz für den Adler. Nein, bruno banani ging es bei der Aktion ums Prinzip Innovation, das im der Erbgut der Marke hervorsticht. Wie offen ist ein Markt, wie groß ist ein Markt für das Neue, das Andere, das Besondere. Fragt man allgemein „Halten Sie sich für einen modernen Menschen?“ explodiert bruno bananis Markt als Designermarke auf Maximalausdehnung. Die gestellte Frage brachte mehr Klarheit.

Wenn Sie so wollen, war das eine fahnenmäßig gute Frage.

Kapitel 5. **Fortsetzung**

olgt.

Plädoyer für die Zukunft.

Morgen, Muffel. Jede Stund' hat Gold im Mund.

Fortsetzung folgt so.

Mit dem Konzept, das vorrangig auf „Ohne Worte-Events“, Success-Sponsoring und daraus jeweils abgeleiteter „New Prickel“-PR setzte, hat bruno banani in den letzten zehn Jahren Underwearaction betrieben, Entwicklungshilfe geleistet, erzogen und gezeigt, welches Potenzial in Underwear steckt. „Preischen klein, ging allein, in die weite Welt hinein ...“ war nie bruno bananis Lied auf dem Weg in den Markt. Der Pricing- und Glaubwürdigkeits-Plan hieß und heißt immer noch: Hohe Qualität hat ihren fairen Preis. Auch das steckt felsenfest in dem guten Namen, den sich bruno banani mit seinem Kernbereich Underwear und seinen Lizenzen als internationale Designermarke machte. Individualisten, Modebegeisterte und Designorientierte, die Zielgruppen wurden wachgeküsst und freuten sich von Anfang an ob der überstandenen Trockenzeit. Endlich on the sekt side of life.

Mit einer relativ hohen Markenbekanntheit ist bruno banani heute an dem Punkt, an dem das bisherig verfolgte, eventfokussierte Maßnahmen- und Kommunikationskonzept an der Schwelle zur nächsten Strategie- oder Erregungsstufe steht. Denn der erzielte Bekanntheitsgrad braucht nun neben den Aktion- und Public Relation-Tools Verstärkung, um die Beziehung der Marke zu ihrem Markt weiter kontinuierlich zu pflegen und zu steigern.

Anders ausgedrückt: Um der Größe des international umfangreiche Dimensionen angenommenen bruno banani-Marktes Herr zu werden, sind Events und die jeweils angeschlossenen Öffentlichkeitsarbeiten allein schlicht und zusehends überfordert. Stellen Sie sich bloß eine Veranstaltung vor, die immer mehr Menschen anlockt. Was dabei passiert, liegt auf der Hand: Das Gedränge rund um das Geschehen wird immer größer, den ersten Reihen kann irgendwie noch etwas vermittelt werden, bei ihnen kommen die Botschaften und Faszinationen noch voll an. Dahinter wird´s dann immer schwieriger, etwas mitzubekommen von dem, was die Marke irgendwo da vorne abzieht. Immer lauter müssten die Darbietungen werden, auf immer größeren Podesten müssten sie stattfinden, damit die Interessierten überhaupt feststellen können, wo die Sendeposition ist. Gelingt das nicht, können sie ihre eigene Empfängerposition nicht ausrichten und diese elementare Dialogvoraussetzung zwischen Marke und Kunde muss dank völliger Orientierungslosigkeit unerfüllt bleiben. Weitere Menschen, die hinzu kommen, den Kreis der Neugierigen immer größer werden lassen, weil sie sich von dem Auflauf angezogen fühlen, stehen nur noch da und fragen sich bald, warum. „Schade, dass nichts zu mir dringt."

Hey, lauter, da vorne! Man fragt seinen Vordermann, was da abgeht, doch der weiß auch nur Bruchstückhaftes. Auch das kennt man. Man flüstert jemand was ins Ohr, der die Information an seinen Nebenmann weiterflüstert und so weiter. Selbst in kleinen Kreisen kommt am Ende nur noch Wirrwarr an, alles andere als das, was die Marke ursprünglich auf den Weg gegeben hat.

Die Masse an potenziell mit den Markeninformationen Erregbaren stößt mit Events, denen die Speerspitzenfunktion überlassen wird, naturgemäß an ihre Grenzen. Wenn diese Maßnahme nicht zum richtigen Zeitpunkt ins zweite Glied zurückrückt, verkleinert sich der Auflauf rund um die Veranstaltung auf ein Mindestmaß, da man sich nicht mehr angesprochen fühlt. Da der Abstand zu groß wurde, da das Ansprechen gar nicht mehr möglich ist. Aktionen müssten zudem in immer kürzeren Abständen erfolgen, ansonsten gibt es keine Dauererregung mehr, der Markt würde sie lediglich als ab und zu von bruno banani verabreichte Streicheleinheiten wahrnehmen. Das wäre so, als ob sie hin und wieder einen Freund besuchen, der sie lieb in den Arm nimmt. Jo, sehr nett, aber zu leidenschaftlicher Hingabe führt das nicht.

Wir wollen unsere Zielgruppe nicht nur nett in den Arm nehmen mit den Worten: Bin ich nicht ein toller Freund? Vergiss den Wettbewerb, der dich massiv umwirbt und achte auf die nächste Pressemitteilung nach meinem kommenden Event. Zehn Jahre lang habe ich mich so für dich groß und stark gemacht und dich von vorne bis hinten begeistert. Du hast es doch mitgekriegt oder bist du einer von denen, die erst später dazukamen und die PR-Maßnahmen in den ausgewählten Magazinen zufällig übersehen haben? Und falls ja, willst du uns das etwa nicht danken, nur weil du nicht von allem alles erfahren hast, warum hast du dich nicht selbst darum bemüht?

bruno banani hat eine riesige Zielgruppe aufgebaut und weiß, dass es nicht nur Markenaufbau gibt, sondern auch die Markentreue. Die Führung der Marke hat die Aufgabe und die Pflicht für Treue zu sorgen. Das funktioniert im Grunde wie in jeder menschlichen Partnerschaft. Man muss sich darum bemühen, den anderen anhören und verstehen. Es genügt nicht, morgens ein Küsschen auf die eine Wange zu drücken, zu entfleuchen, abends die andere Wange zu bedienen, körperlich präsent, doch mit den Gedanken schon in der TV-Kanalisation versunken zu sein. Das richtige, wahre und erfolgreiche Bemühen wird bruno banani auch künftig durch Design-Kollektionen, innovative Qualitäten, Avantgarde-Funktionalitäten und natürlich durch einzigartige Aktionen erkennen lassen. Die Messages der Marke werden daneben aber stärker von klassischer Werbung, sprich flächendeckenden Kampagnen, verbreitet werden, sich aufdrängen und im umkämpften Wettbewerbsfeld unserer gesamten Zielgruppe erscheinen müssen, ohne von ihr zu verlangen, dass sie sich am Rande einer Gruppe Schaulustiger anstellt und das, was die Marke zu sagen und bieten hat, nur vom Hören- und Weitersagen erfährt. bruno banani wird seiner Zielgruppe dadurch wie bisher als Produkt- und Markencoup begegnen, das burning life repräsentieren, für das die Marke steht, bruno banani wird die Fangemeinde auch in den Arm nehmen, jedoch erst dann, wenn sie vor Leidenschaft und Hingabe zusammenzubrechen droht und nicht um sie auf diese Weise erregen zu wollen. Das müssen und werden weiterhin die Designerware sowie das unverwechselbare Image bruno bananis schaffen. Fremdgeher dürfen sein, doch nicht aufgrund dessen, weil man die Marke zu selten trifft, weil sie kein offensiver Lover der Zielgruppe mehr zu sein scheint. In dem Fall wird sie sich verständlicherweise abwenden und sich woanders Satisfaction holen, denn sie will verwöhnt werden, von purer Ausstrahlung magisch angezogen werden, von echten Vorzügen verführt werden und statt von stereotyper Turnerei von immer wieder überraschenden Auftritten inspirierende Amore erfahren, wodurch sie in keine langweilige Gähn-Beziehung gerät, sondern sich jederzeit auf einem Flirt mit Zukunft-Niveau befindet, auf dem sie die Marke als guten Liebhaber bewertet, als mysthischen Paradetyp – Marken-Zapping ausgeschlossen.

In dem Markenbild, das bruno banani künftig abgibt, wird sich die Geisteshaltung und Positionierung „Designermarke – Not for everybody“ so klar und wahr wie immer reflektieren. Das Bild wird sich in klassischen Maßnahmen und Medien zusätzlichen Ausdruck verschaffen, damit es innerhalb der Zielgruppe alle sehen können und dies möglichst häufig, um im Bedarfsfall sofort aus dem Relevant Set abgerufen werden zu können. Das ist eine Art Ablagesystem im Gehirn, in dem der Mensch seine bevorzugten Marken untergebracht hat. Um da reinzukommen und drin zu bleiben, bedarf es großen Einsatzes und viel Präsenz; eben die Arbeit, die bruno banani in den nächsten Jahren vor sich hat. Wir halten Sie auf dem Laufenden.

Coming up: Generation Kingsize.

Anhang. **Das bruno**

nani ABC.

Begriffe, die die Welt bedeuten, die Welt von bruno banani, ohne Anspruch auf Vollständigkeit. Man könnte das ABC zigmal mit neuen Beispielen pro Buchstabe zitieren, aber wir haben uns für dieses nachfolgende Kompendium an Beispielen aus den wichtigsten und einflussreichsten Wörtern entschlossen, die zur bruno banani-Welt gehören wie das Ei zum Huhn. Es sind Wörter aus nicht allen, aber eben aus wichtigen Aktionsfeldern der Marke, die Kommunikationsmaßnahmen, die Personen und die Kollektionen betreffend. Lesen Sie es, es bringt Sie bruno banani noch ein Stück näher, falls Sie der Marke nicht schon so dicht auf den Pelz gerückt sind, dass es gar nicht mehr näher geht, was richtig und gut wäre.

A Adventure Tested – bruno bananis Serie „Your Perfect Underwear“ erhielt 1996 das Qualitätssiegel „10.000 km Adventure testet – Ultimate Quality!“. Zuvor musste die Marke dafür Afrika von Nord nach Süd per pedes durchqueren und das legendäre Goldland Ophir finden. Beides gelang zwar ausgetrocknet, doch auch ausgezeichnet, weshalb die Serie ja ausgezeichnet wurde.

B bruno banani Award – Unikate Kunst- und Dankstücke, beispielsweise Unterhosen aus Stahl, die an besonders erfolgreiche und engagierte Fachhändler verliehen werden.

C Chemnitz – Eine Stadt, die sich als Stadt mit Köpfchen positioniert. Und als InnovationsWerkStadt. Und so auch geeignetster Sitz für das bruno banani Headquarter.

D Dessous – Sexy Lady, bruno banani hat die Romantik erfasst und im Jahre 2003 erstmal zu einer reinen Dessous-Kollektion inspiriert, innovativ, frech, extravagant. Für alle, die nur an das Reine denken.

E Eco Challenge – Härteste Natur-Sportart der Welt. 1997 stellte bruno banani für „The Greatest Adventure Race“ das Team Germany auf. Ein Novum. Wie die Marke.

F Funtastic Underwear – Limitierte, rasante und Aufsehen erregende Zeitgeist-Einsitzer-Kollektion, alle 30 Tage beseelt von der innovativen Design-Inszenierung. Produktlinie, in der experimentiert werden kann, Trends zum Ausloten rausgehängt werden und die einen Beitrag leistet, den Atem der Marke frisch zu halten. Wird häufig nur gekauft, aber nicht angezogen, um sie statt dessen zu sammeln.

G Giant Swing – Die Schlucht-Schaukel im Sports & Adventure Parc, den bruno banani in den 90er-Jahren in der Schweiz aufbaute. Nervenzerreißende Hin- und Herlichkeit, ideal, um sich das Rauchen anzugewöhnen.

H Hängebrücke – Der 50 Zentimeter breite Startpunkt für jeden Teilnehmer der ersten inoffiziellen Bungee-Weltmeisterschaft in Siere im Schweizerischen Val d'Anniviers. Die Zahlen: 21 Spitzenspringer, 190 Meter Sturztiefe, 140 Stundenkilometern, 1 Veranstalter: bruno banani

I Ironie – Versteckter, feiner Spott. Am besten zu identifizieren am Gesichtsausdruck derjenigen, die ihn gerade empfangen haben, an diesem „Macht-sich-da-gerade-jemand-spottbillig-auf-meine-Kosten-lächerlich?“-Gesicht.

J Jubiläum – Ein Geburtstag, der echten Grund zum Jubeln gibt.

K Kurkova, Karolina – Perfect Body für Perfect Underwear. Das absolute Topmodel Karolina Kurkova posierte 2002 für bruno banani. Der Fotograf Arthur Elgort nahm die auch für Gucci, Versace oder Chanel arbeitende Beauty-Tschechin auf, die zu diesem Zeitpunkt die Nr. 2 der top ten Supermodels war.

L Lizenzen – Um Märkte nicht nur mit aus dem Markenkern heraussprudelnder Underwear abzufüllen, sondern die Marke auch durch weitere designorientierte Mode zu verbreiten, bekamen hochwertige Produktions- und Vertriebspartner die entsprechende Licence to fill: vergeben zum Beispiel an Düfte, Sonnenbrillen, Socks, Bags, Uhren, Jeans, Casual Wear und Hemden.

M MIR-Mission – Erster offizieller Weltraumtest einer Designermarke, der der bruno banani Serie „Your Dynamic Underwear“ die Auszeichnung „Spaced Proofed“ einbrachte. Die Gewebe- und Substanzprüfungen wurden von der russischen Weltraumbehörde zuerst am Boden und dann auf der Raumstation MIR im All durchgeführt. Rigoros, klar, der Westen ließ die Hosen runter, und bestand.

N Not for everybody – Der Claim der Marke, der Slogan der die Positionierung bruno bananis emotional definiert. Nicht als Verbot, nicht als „WEHE, DU BERÜHRST MICH"-Schild, sondern als Warnung an alle, die das Besondere wollen: ACHTUNG, LECKERBISSEN!

O Oxygen – Bermuda Dreieck 2001, bruno banani testete damals, wieder in Zusammenarbeit mit russischen Wissenschaftlern, die völlig neue und zum ersten Mal verarbeitete Hohlfaser Meryl. Dazu wurde Underwear der Serie in 4.800 Meter Tiefe gebracht, um ihr dort die unausweichliche Frage zu stellen: Wie viel Druck hält eine Unterhose aus? Antwort: Unglaublich viel, wenn du Oxygen heißt und aus dem Hause bruno banani kommst.

P Propaganda – Das Magazin zu bruno bananis Welt. Vorrangig für den Fachhandel bestimmt, der sich darin informiert, inspiriert, ausstaffiert, definiert, disponiert, engagiert, elektrisiert, navigiert, kultiviert, orientiert und fasziniert.

Q Quant – Die neue Watch-Generation mit einem offiziell im Windkanal festgestellten cW-Wert von nur 0,39 und einem entsprechend schnittigen bruno banani-Design. Damit machte die Marke gleich zu Beginn des Jahres 2000 viel Wind um viel Design.

R Rakete – zweimal wählte bruno banani diesen Weg ins All: 1998 auf dem Weg zur FIRST DESIGNER BRAND IN SPACE und 2003 für die Aktion VOTE & WIN NOW, dem ersten Gewinnspiel der Welt mit Start im All.

S Speed Proof – Wie schnell kann eine Unterhose sein? Diese Frage wurde in 2002 im Forschungszentrum Jülich beantwortet. Ein bruno banani Exemplar aus der Serie „Your Active Underwear", wahllos aus dem Regal gegriffen und keineswegs vorher in unzähligen Stunden über Tartanbahnen gehetzt, erreichte im Teilchenbeschleuniger mit 239.697.964,948 km/h Lichtgeschwindigkeits-Dimensionen und die Marke die Auszeichnung „Fastest Designer Brand In The World".

T Theloke, Stev – Ziemlich schneller Fisch im Menschenkostüm, kommt nur mit einem Meistertitel aus dem Swimmingpool, was auch immer öfter gelingt. Stev Theloke aus Chemnitz ist Sponsoringpartner von bruno banani, der eine eigene Swimwear-Kollektion mit seinem Namen entwarf.

U Underwear – heißt schlicht Unterwäsche. Designer Underwear heißt schlicht bruno banani.

V Vote & Win – Raus ins All, zurück auf die Erde, rein ins Internet, raus mit der Sprache und die ultimative bruno banani wählen und schließlich wieder rein, mitten in die Mega-Party, welche es dabei zu gewinnen gibt. That's it, die Aktion zum 10-jährigen Jubiläum von bruno banani im Jahre 2003.

W Woodstock – Ein Bild von einem POS-Schrank, aus bestem Holz geschnitzt, kultig wie das Open Air-Festival, nur heute im Einsatz, als Open Fair-Festival, so flexibel, offen und vielbestückt ist er, damit es gerecht zugeht und keiner zu kurz kommt. Und der Fachhandel singt, wenn er sieht, wie alles aus ihm herausgeholt wird.

X X-Mas Kollektion – bruno bananis „Oh, Ihr fröhlichen Fachhändler und Konsumenten"-Funtastic Kollektion, immer speziell zu Weihnachten. Leise rieselt die nie.

Y Your Perfect Underwear – Absolute und endlose Designklassik. Für jeden perfect underwear's friend.

Z Zorb – Fahren Sie in die nächste Großwäscherei, lassen Sie sich in der Riesentrommel 'ne Runde mitschleudern und Sie ahnen, was Zorb ist. Kurz: Eine drei Meter Durchmesser umfassende Plastikkugel, in der Sie im von bruno banani gegründeten Sports & Adventure Parc einen Hügel hinunterrasen.